7마당 사랑의 줄 사명의 줄

Line of Love, Line of Mission

소그룹 성경통독 _ 7마당 사랑의 줄 사명의 줄

초판 1쇄 발행 2007년 7월 20일
3쇄 발행 2020년 1월 17일

지은이 · 조병호
펴낸곳 · 도서출판 **통독원**
주 소 · 서울시 강남구 선릉로 806
전 화 · 02)525-7794
팩 스 · 02)587-7794
홈페이지 · www.tongbooks.com
등 록 · 제22-2766호(2005.6.27)

ISBN 978-89-92247-16-0 04230
ISBN 978-89-92247-00-9 (전 20권)

소그룹 성경통독 7마당

사랑의 줄 사명의 줄

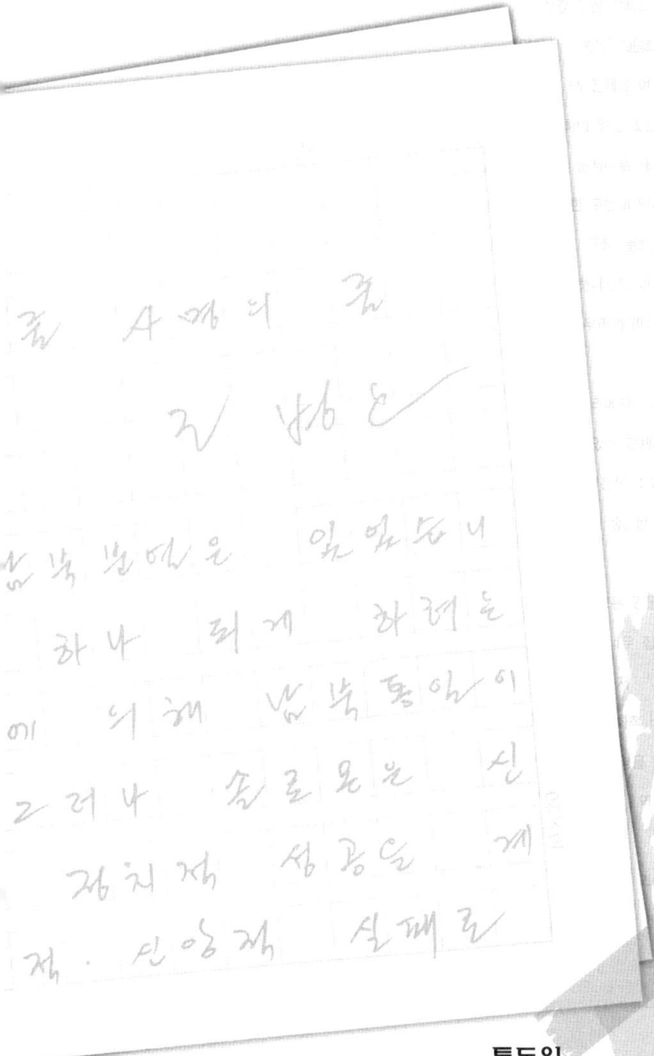

조병호

통독원

《소그룹 성경통독》을 펴내며

《소그룹 성경통독》 시리즈는 성경과 더욱 가까워지길 원하는 사람들을 위한 책입니다. 이 시리즈는 성경 66권 전체를 다루고 있으며, 시간 흐름에 따라 성경을 역사적 순서대로 재배열하여 체계적인 성경공부가 가능하도록 구성되어 있습니다.

이 책을 통해 세계를 경영하시는 하나님의 놀라운 섭리를 깨닫게 될 것이며, 그분의 말씀에 순종함으로써 삶의 현장 속에서 훌륭하게 쓰임 받았던 하나님의 사람들을 전인격적으로 만나게 될 것입니다.

여러분과 소그룹 구성원들이 이 책을 통해 성경을 통독하는 놀라운 기쁨을 새롭게 체험하길 바랍니다. 각 개인에게는 신앙의 견고성이 더해지고, 성도 간에는 깊은 교제가 이루어질 수 있도록, 본서는 구체적이고 실질적인 도움을 제공할 것입니다. 말씀을 사모하는 여러분에게 하나님께서 충만한 은혜와 지혜를 부어주시기 바랍니다.

목 차

《소그룹 성경통독》을 펴내며 4
이 책의 구성 6
7마당 둘러보기 9

숲이야기1 멀어져 가는 사명
열왕기상 12-22장, 열왕기하 1-14장, 역대하 10-25장

나무 102 남북분열 12
나무 103 오므리 왕조 VS 엘리야 18
나무 104 오므리 왕조의 죄악 24
나무 105 오므리 왕조 VS 엘리사 28
나무 106 예후 왕조 & 엘리사 34

숲이야기2 마지막 호소
아모스, 호세아, 요나

나무 107 정의와 공의를 위하여 40
나무 108 제사보다 사랑을 원한다 46
나무 109 열방을 향한 사랑 52

숲이야기3 하나님의 세계경영
열왕기하 15-20장, 역대하 26-32장, 이사야 1-39장

나무 110 북왕국의 퇴락과 이사야의 소명 60
나무 111 아하스의 선택과 이사야의 충고 66
나무 112 '이상 골짜기' 예루살렘 72
나무 113 하나님의 세계경영 78

숲이야기4 영광과 평화의 청사진
이사야 40-66장

나무 114 영광과 평화의 청사진 86

숲이야기5 영광이 빠져버린 시온산성
미가

나무 115 영광이 빠져버린 시온산성 94

이 책의 구성

《소그룹 성경통독》 시리즈의 전체 구성은 다음과 같습니다.
- 20개의 〈마당〉 : 성경 전체를 역사 순서대로 재배열하여 20개 마당으로 묶음.
- 66개의 〈숲이야기〉 : 한 마당은 2~4개의 〈숲이야기〉로 구성됨.
- 240개의 〈나무〉 : 소그룹 성경통독을 할 때, 1회의 분량으로 적절한 단위.

1. 소그룹 성경통독의 진행 순서

찬양과 기도 그날 통독본문의 주제와 어울리는 찬양을 함께 부른 후, 성경을 통독하는 가운데 하나님의 마음과 뜻을 깨달아 알 수 있는 지혜를 달라고 기도드립니다.

마음열기 〈나무〉의 내용 중에서 생각해 보아야 할 중요 주제에 대해, 먼저 일상적인 삶 속에서 꺼내어 볼 수 있는 이야기로 생각과 마음을 편하게 나눕니다.

함께읽기 전체 통독본문은 각자가 미리 읽어오는 것이 좋습니다. 그리고 소그룹 모임에서는 '함께 읽으면 좋은 성경 한 장'을 다같이 통독합니다. 합독이나 교독 등, 모든 참석자가 소리를 내어 함께 읽는 것이 좋습니다.

친해지기 그날 모여서 함께 읽은 성경 내용 중에서 쉽게 답을 찾아보고 상상해볼 수 있는 질문입니다. 성경과 친해지는 계기로 삼아보십시오.

말씀의 숲길로

부분이 아닌 전체로, 통전적 관점에서 성경을 보는 안목을 제시합니다. 글의 문맥을 따라가며, 하나님께서 역사하신 '그때 거기서' 의 현장 속으로 들어가보십시오.

성경의 빈칸 채워 넣기

각 〈나무〉의 내용 중에서 중요 성경구절을 선별하여, 그 중 2-3개의 단어나 어절에 빈칸을 만들어 두었습니다. 전체 흐름상 그 빈칸에 들어갈 적절한 말이 무엇일지 스스로 생각해 답을 적어본 후, 정답을 확인해 보십시오. 소그룹 모임의 경우, 각자의 답과 왜 그렇게 생각했는지를 이야기하고, 함께 답을 찾아 읽어보는 것도 좋습니다.

보석찾기

본문 내용 전체를 살핀 뒤, 해당 〈나무〉에서 중요하게 다룬 성경의 내용을 확인해 둡니다.

마음나누기

해당 〈나무〉의 내용을 기초로 말씀을 삶 속에 적용해 보고, 실천의 방향을 함께 나누는 것입니다. 혼자의 경우는 생각해 적어보고, 소그룹 모임의 경우, 각자 적은 내용을 서로 나누도록 합니다.

기도

그날의 성경통독 모임을 통해 깨닫고 느낀 하나님의 마음, 그리고 그 말씀의 기반 위에서 함께 실천하기로 다짐해야 할 사항들을 생각하며 간절히 기도합니다.

2. 일곱 가지 팁

이 책에 실린 팁들은 일곱 가지 종류로 분류되어 있으며, 본문을 읽어가는 중에 참고하시면 성경에 대한 지식과 깊이 있는 이해를 더하는 데에 도움이 됩니다.

하나님의 계획 인간의 짧은 생각으로는 이해할 수 없는 하나님의 깊은 마음과 큰 계획을 소개합니다.

하나님의 사람들 영성과 사회성을 갖춘 하나님의 사람들과 그들이 만들어가는 믿음의 역사를 조명합니다.

리더십 하나님의 사람들이 보여주는 삶의 모범과 리더십의 면모들을 살펴봅니다.

메시지 성경의 사건과 인물들의 삶의 내용을 통해 말씀이 우리의 구체적 삶에 던지는 감동과 깨달음을 새겨봅니다.

지혜창고 성경은 한없는 지식과 지혜의 창고입니다. 성경을 통독해 갈 때에 도움이 될 만한 사항들과 지혜의 실마리들을 정리하여 실었습니다.

알아두기 성경을 통독해 갈 때에 알아두면 좋은 지식이나 정보 등을 담았습니다.

αΩ 원어해설 성경을 이해하는 데 핵심이 되는 단어들의 히브리어와 헬라어 원어의 뜻을 살펴봄으로써 더 깊은 성경 이해로 나아가도록 돕습니다.

7마당 둘러보기

균형의 중요성은 신앙의 원리에도 적용됩니다. 영성과 사회성의 균형과 조화는 우리 그리스도인들이 갖추어야 할 아름다운 목표입니다. 이스라엘 백성들의 삶 속에도 중요하게 기억하며 실천해야 할 것이 바로 '사랑'과 '사명'의 균형이었습니다. 하나님께 받은 사랑을 잘 기억하고, 하나님을 사랑하며 살아야 함과 더불어, 하나님께 받은 사명을 잊지 않고 실천해야 했던 것입니다. 하지만 안타깝게도 사랑과 사명의 균형을 제대로 갖추지 못한 이스라엘 백성들을 향해 하나님께서는 여러 선지자들을 보내셔서 제발 그 균형을 갖추라고 말씀하시며 타이르십니다. 하나님께서는 오늘의 그리스도인들을 향해서도 그 균형에 대해 말씀하고 계십니다.

숲이야기 1

멀어져 가는 사명

열왕기상 12-22장, 열왕기하 1-14장, 역대하 10-25장

나무 102 남북분열	왕상 12장-16:14, 대하 10-17장
나무 103 오므리 왕조 VS 엘리야	왕상 16:15-19장
나무 104 오므리 왕조의 죄악	왕상 20-22장, 왕하 1장, 대하 18-20장
나무 105 오므리 왕조 VS 엘리사	왕하 2-8장, 대하 21장-22:6
나무 106 예후 왕조 & 엘리사	왕하 9-14장, 대하 22:7-25장

나무 102

남북분열

왕상 12장-16:14, 대하 10-17장

찬양

찬송가 – 412장 · 우리는 주님을 늘 배반하나
찬　양 – 세상 흔들리고

기도

이 시간, 말씀을 통독하는 가운데 하나님의 마음과 뜻을 깨달아 알 수 있도록 지혜를 주옵소서.

마음열기

연륜과 경험이 많은 어른이나 선배의 충고를 듣지 않았다가 실수하거나 손해를 보았던 경험이 있다면 이야기해 봅시다.

함께읽기

함께 열왕기상 12장을 읽어봅시다.

친해지기

이스라엘은 르호보암 시대에 이르러 분열되고 말았습니다. 북왕국의 왕이 될 여로보암에게 하나님께서 이스라엘 분열의 이유를 말씀하신 구절을 찾아 적어봅시다. 왕상 11:33

다윗 시대에도 남북분열은 있었습니다. 그렇지만 민족을 하나 되게 하려는 꿈이 있었던 다윗에 의해 남북통일이 가능하였습니다. 그러나 솔로몬은 신앙에 기반한 다윗의 정치적 성공을 계승하지 못하고, 정치적 · 신앙적 실패로 인해 다시금 남북분단의 씨앗을 잉태시킵니다.

솔로몬의 아들 르호보암 역시 아버지의 신앙과 정치의 폐단들을 그대로 계승하고 정국을 분열로 몰아갑니다. 왕에게 찾아와 "왕의 아버지가 우리의 멍에를 무겁게 하였으나 왕은 이제 왕의 아버지가 우리에게 시킨 고역과 메운 무거운 멍에를 가볍게 하소서 그리하시면 우리가 왕을 섬기겠나이다" 왕상 12:4라고 호소하는 백성들에게 르호보암은 "내 아버지는 너희의 멍에를 무겁게 하였으나 나는 너희의 멍에를 더욱 무겁게 할지라 내 아버지는 채찍으로 너희를 징계하였으나 나는 전갈 채찍으로 너희를 징치하리라" 왕상 12:14라고 대답합니다. 이런 대답을 들은 북쪽 열 지파 백성들은 르호보암에게서 돌아서 버립니다. 다윗이 이루었던 통일의 감격이 채 가시기도 전에 이 같은 르호보암의 어리석은 계승으로 말미암아 이스라엘 민족이 또다시 남과 북으로 분열되는 아픔을 겪게 됩니다.

그러나 그 슬픔과 안타까움 안에는 이스라엘 민족공동체를 새롭게 하기 위한 하나님의 계획이 들어 있습니다. 하나님께

지혜창고

남북분열 (왕상 12장)

- 솔로몬의 정치적 실패

1차 남북 분열의 씨앗이 비록 다윗에 의해 극복되었지만 사실 가능성은 내재되어 있었다. 이것이 솔로몬 시대에 곪았다가 르호보암 시대에 터진 것이다. 다윗은 유다 지파에게 특권을 주지 않았는데, 솔로몬은 유다 지파에게 특권을 주었기 때문이다. 그런데 솔로몬의 아들 르호보암이 아버지의 그 잘못을 그대로 답습하겠다고 나선 것이다.

- 솔로몬의 신앙적 실패

남북을 분단하지 않으면 솔로몬의 아들 르호보암이 솔로몬 방식으로 죄를 답습하게 되어 있다. 그래서 하나님은 남북을 나누어서 서로 자극받고 경쟁하게 하고자 하셨다. 르호보암이 거대 제국을 물려받아서 솔로몬의 우상숭배를 관성화하려는 것을 잘라버리신 것이다. 처벌이면서 동시에 사랑이었다. 처벌은 아픈 사랑인 것이다.

√ 알아두기

여로보암 / 여로보암은 원래 건축 주도자였다. 전쟁시에는 군인이 중요 엘리트이고, 평화시에는 건축을 담당하는 사람들이 엘리트였다. 솔로몬 시대에는 건축이 주요 국책 사업이었다.

서 이스라엘을 남북으로 나누신 것은 북쪽과 남쪽의 각 지파들이 하나님 섬기는 일에 서로 본을 보이는 가운데 열심을 내도록 하기 위함이셨습니다. 하나님께서는 여로보암을 준비시켜 그에게 북쪽 열 지파를 떼어 맡기시며, 다윗처럼 하나님 안에서 공과 의의 정치를 행하라고 당부하십니다.

> "내가 너를 취하리니 너는 네 마음에 원하는 대로 다스려 이스라엘 위에 왕이 되되 네가 만일 내가 명령한 모든 일에 (　　　　　　)하고 내 길로 행하며 내 눈에 합당한 일을 하며 내 종 (　　　　　　)이 행함 같이 내 율례와 명령을 지키면 내가 너와 함께 있어 내가 다윗을 위하여 세운 것 같이 너를 위하여 견고한 집을 세우고 (　　　　　　)을 네게 주리라" 왕상 11:38

하나님께서는 비록 이스라엘을 남북으로 나누셨지만, 신앙적 중심지 예루살렘을 중심으로 두 국가가 함께하기를 원하셨던 것입니다. 따라서 이스라엘 모든 성인 남자들은 일 년에 세 차례씩 예루살렘에 가야 합니다.

이미 정치적으로 성공한 여로보암. 그의 성공은 솔로몬과 르호보암의 실패를 기반으로 한 것이었습니다. 그러니 그에게는 교만할 이유가 없는 것입니다. 그런데 안타깝게도 그는 하나님의 기대에 미치지 못하고 교만해지고 맙니다. 여로보암은 정치적 성공에 너무 집착한 나머지, 일 년 세 차례씩 남쪽으로 성인 남자들을 보내면, 사람들이 그쪽으로 휩쓸리지 않을까 우려합니다. 왕상 12:26-27 결국 여로보암은 벧엘과 단에 금송아지 우상을 세우고 "이스라엘아 이는 너희를 애굽 땅에서 인도하여 올린 너희의 신들이라"라고 말하며, 레위 자손이 아닌 보통 백성으로 제사장을 세웁니다. 하나님께서 지키라 명하신 절기도 무시하고 자기 마음대로 절기 날짜도 바꿔버립니다. 한마디로, 신앙을 정치에 종속시키고 자신의 왕권을 강화하기 위한 수단으로 전락시켜버리고 만 것입니다.

하나님께서는 남북이 균형과 견제를 이루면서 상호 발전하고, 나아가 그들이 제사장 나라로서의 역할을 잘 감당하기를 원하셨는데, 여로보암은 그 사명의 줄을 전혀 다른 방향으로 잡는 어리석음을 범한 것입니다. 이후 하나님께서는 이스라엘 왕들의 길을 두 가지로 평가하십니다. 바로 다윗의 길과 여로보암의 길입니다. 여로보암은 벧엘과 단에 금송아지를 세우고 백성들로 하여금 그곳에서 제사를 드리게 하는, 씻을 수 없는 악을 행함으로 말미암아 악한 왕의 대명사가 되는 불명예를 얻고 말았습니다. 남쪽의 르호보암 또한 그 이전보다 더 많은 악행을 일삼았으며, 더욱 노골적으로 우상을 섬겼습니다.

분열 왕국의 첫 왕이었던 르호보암과 여로보암이 이처럼 하나님이 아닌 우상을 섬김으로써 그 첫 단추를 잘못 끼우고 말았습니다. 여로보암과 르호보암이 뿌린 씨앗은 후대에까지 계속 뿌리내려 악의 열매를 거두게 됩니다. 특히 북이스라엘에서는 여로보암을 포함한 19명의 왕들 모두가 우상숭배의 길을 따르고 맙니다. 역사가 진행될수록 이스라엘 왕들

지혜창고

신앙을 정치에 종속 / 여로보암은 정치를 위해서 신앙을 이데올로기화하고 말았다. 하나님의 사랑과 사명, 세계선교를 자기의 정치적 목적을 위해 이용하는 죄악의 시작이었다. 이것이 여로보암의 길이다. 이 잘못을 이후 북왕국 왕들이 계속 답습한다. 오므리 왕조 때 그 죄악이 절정에 달한다.

의 악행은 계속되었고, 그 죄악이 깊어질수록 그들과 씨름하시는 하나님의 애씀 또한 그 깊이를 더해갑니다. 참으로 답답한 일이 아닐 수 없습니다.

한편, 그 무렵 남유다에서는 르호보암, 아비얌, 아사, 여호사밧으로 왕권이 이어집니다. 하나님께서는 당신의 뜻이 이스라엘을 통해 실현되기를 원하시며 열심을 다하십니다.

아사의 치적은 그의 당대뿐 아니라 아들 여호사밧에 의해 계승 발전됩니다. 어쩌면 아사의 최고의 치적은 그의 왕위를 아들 여호사밧에게 이어지게 한 것이라고 평가할 수 있습니다. 왜냐하면 여호사밧 왕은 "다윗의 처음 길로 행하여"라는 최대의 찬사를 받고 있기 때문입니다.대하 17:3 하나님께서 함께하심으로 강대할 수 있었던 여호사밧은 북이스라엘과도 선린우호관계를 유지하고, 심지어 아합 가문과 혼인하여 인척관계까지 맺습니다.대하 18:1 그러나 여호사밧 왕이 아합 왕과 함께 길르앗 라못을 치는 것을 하나님께서 원하지 않으셨던 것처럼 그것은 '가서는 안 되는 길'이었습니다. 그럼에도 불구하고 또다시 그들을 기대하시며 세우시는 하나님의 애쓰심은 우리의 가슴을 뭉클하게 합니다. 하나님께서는 이스라엘 백성을 향한 소망의 끈을 놓지 않으십니다.

보석찾기 ○ ● ●

여로보암은 지나치게 정치적 측면에 관심을 기울인 나머지 신앙을 정치의 도구로 이용하고 말았습니다. 여로보암의 죄악들은 무엇이었는지 열왕기상 12장 25-33절에서 찾아 적어 봅시다.

마음나누기 ○ ● ●

당신은 개인적 삶 속에서 하나님의 영광을 위해서가 아닌, 자신의 이기적 목적을 위해서 신앙의 언어를 사용하거나 행동하는 것을 어떻게 경계해야 한다고 생각하십니까?

기도 ○ ● ●

사랑과 자비가 풍성하신 하나님, 날마다 주님의 뜻을 생각하며 살게 하시니 감사합니다. 저희가 더 이상 범죄치 않도록 저희의 무지와 잘못을 깨닫게 도와주옵소서. 저희가 온전하게 하나님 앞에 설 수 있도록 인도하여 주옵소서.

나무 103

오므리 왕조 VS 엘리야

왕상 16:15-19장

찬양 **찬송가 –** 393장 · 우리들의 싸울 것은
찬　양 – 오소서 진리의 성령님

기도 이 시간, 말씀을 통독하는 가운데 하나님의 마음과 뜻을 깨달아 알 수 있도록 지혜를 주옵소서.

마음열기 옳은 편에 서 있는 것이 때로는 외롭고 힘겨울 수 있습니다. 그런 느낌을 가져보았던 적이 있습니까?

함께읽기 함께 열왕기상 18장을 읽어봅시다.

친해지기 엘리야가 갈멜 산에서 바알 선지자들과 정면대결을 벌이게 됩니다. 아무리 불러도 대답 없는 바알에게 제사를 드리며 뛰놀고 있는 바알 선지자들을 향해 엘리야가 조롱하며 했던 말은 무엇이었습니까?

북왕국에는 계속해서 쿠데타가 이어집니다. 오므리도 쿠데타로 정권을 잡습니다.왕상 16:21-22 그는 정치적으로 대단히 성공을 해서, 시돈 사람의 딸 이세벨을 며느리로 데려옵니다. 솔로몬의 외교적 성공이 그의 많은 국제결혼으로 이어졌듯이 오므리도 마찬가지였던 것입니다. 그런데 솔로몬 때 수많은 이방 여인들에 의해 예루살렘이 우상박물관이 되었듯이, 이번에는 이세벨이라는 한 왕비에 의해 북왕국이 바알 신앙으로 점령당해 버립니다. 이스라엘의 악이 절정에 달했던 시기, 그때가 바로 이세벨이 왕비로 있던, 오므리 왕조의 아합왕 시대입니다.

✓ 알아두기

오므리의 업적? / 오므리는 수도를 사마리아로 정했고 땅을 크게 넓혔으며 그의 아들 아합과 시돈 사람의 딸 이세벨을 결혼시켰다. 이들은 단순한 결혼생활에 그치는 것이 아니라 바알 선교를 위해 여호와의 선지자들을 모두 죽이는 데 뜻을 모은다.

하나님께서는 안타까운 마음으로 엘리야를 이스라엘에 보내십니다. 대선지자 엘리야가 나왔다는 이야기는 곧 그 시대가 그만큼 참담했다는 것을 반증하는 것입니다. 엘리야는 험악한 상황을 바꿔보려고 자신의 온몸을 던집니다. 그의 사역은 이스라엘 백성들이 어떻게 하나님의 백성으로서 멋지게 살 것인가를 가르치는 차원이 아니라, 바알과 하나님 중 '누가 참 신이냐?' 라는 문제를 놓고 싸우는 차원이었습니다. 하나님의 선지자들의 생명이 파리 목숨처럼 하찮게 여겨졌던 시대, 선지자들의 외침이 백성들에게 마이동풍(馬耳東風)에 불과했던 시대, 그렇게 암울한 시대에 여호와만이 하나님이심을 전하였던 엘리야는 결국 목숨을 걸고 갈멜 산에서의 '대결' 을 신청합니다.

"엘리야가 백성에게 이르되 여호와의 선지자는 나만 홀로 남았으나 바알의 선지자는 사백오십 명이로다 그런즉 송아지 둘을 우리에게 가져오게 하고 그들은 송아지 한 마리를 택하여 각을 떠서 나무 위에 놓고 불은 붙이지 말며 나도 송아지 한 마리를 잡아 나무 위에 놓고 불은 붙이지 않고 너희는 너희 신의 이름을 부르라 나는 여호와의 이름을 부르리니 이에 불로 응답하는 신 그가 하나님이니라 백성이 다 대답하되 그 말이 옳도다 하니라" 왕상 18:22-24

바알 선지자 450명과 아세라 선지자 400명, 총 850명과 엘리야 한 사람의 대결입니다. 그들은 각자의 신에게 제사를 드렸을 때, 불로 응답하는 신이 참 신이라는 시합원칙에 합의합니다. 물론 바알 선지자와 아세라 선지자들의 온갖 난리에도 불구하고 불은 내려오지 않습니다.

드디어 엘리야의 차례입니다. 단 위에 제물을 놓고 주변에 판 도랑에는 제물에 부은 물이 넘쳐흐릅니다. 엘리야가 하늘을 우러러 기도합니다. 기도를 마치자 하늘에서 불이 내려 제물과 제단을 태우는 놀라운 일이 벌어집니다.

"저녁 소제 드릴 때에 이르러 선지자 엘리야가 나아가서 말하되 아브라함과 이삭과 이스라엘의 하나님 여호와여 주께서 이스라엘 중에서 (   )이신 것과 내가 주의 종인 것과 내가 주의 말씀대로 이 모든 일을 행하는 것을 오늘 알게 하옵소서 여호와여 내게 (   )하옵소서 내게 응답하옵소서 이 백성에게 주 여호와는 하나님이신 것과 주는 그들의 마음을 되돌이키심을 알게 하옵소서 하매 이에 여호와의 (　　　　)이 내려서 번제물과 나무와 돌과 흙을 태우고 또 도랑의 물을 핥은지라" 왕상 18:36-38

이때 백성들은 "엘리야! 엘리야!"를 외치면서 "여호와 그는 하나님이시로다"라고 고백합니다. 왕상 18:39

자, 이제 뭔가 시대가 바뀔 만도 합니다. 그런데 이세벨은 눈도 깜짝 안 합니다. 갈멜 산의 기적을 통해 하나님이 친히 살아 계시다는 사실을 목격했음에도 불구하고, 변한 것이 하나도 없습니다. 완악한 아합의 마음은 돌아서지 않았고, 이세벨은 한술 더 떠서 "내가 내일 이맘때에는 반드시 네 생명을 저 사람들 중 한 사람의 생명과 같게 하리라 그렇게 하지 아니하면 신들이 내게 벌 위에 벌을 내림이 마땅하니라" 왕상 19:2 라고 하며 엘리야를 죽이려 합니다.

목숨이 위태로워진 엘리야는 어쩔 수 없이 도망해야 했습니다. 엘리야가 활동하던 그 시대를 지켜보시는 하나님의 속이 새까맣게 타들어갔을 것입니다. 하나님의 선지자들을 보내 놓았더니 국가의 공권력을 이용하여 죽여 버리는 시대. 하나님께서는 당신을 섬기겠다고 일생을 바친 당신의 종들이 목숨을 구하기 위해 도망 다니는 것을 지켜보셔야 했습니다.

이세벨의 칼끝을 피해 호렙 산(시내 산)으로 피신하였던 엘리야가 마음이 약해져서 오히려 하나님께 죽게 해달라고 기도하고 있습니다.

“자기 자신은 광야로 들어가 하룻길쯤 가서 한 로뎀 나무 아래에 앉아서 자기가 죽기를 원하여 이르되 여호와여 넉넉하오니 지금 내 생명을 거두시옵소서 나는 내 조상들보다 낫지 못하니이다 하고” 왕상 19:4

풀이 죽어 있는 엘리야에게 하나님께서는 천사를 통해 먹을 것을 공급하시고, 또 바알에게 무릎 꿇지 않은 남은 자 7천 명이 있음도 알려주시며 힘을 내게 하십니다. 그리고 그에게 세 가지 사명을 주시는데, 그것은 하사엘에게 기름을 부어 아람 왕이 되게 하고, 예후에게 기름을 부어 이스라엘 왕이 되게 하며, 엘리사에게 기름을 부어 엘리야의 뒤를 잇는 선지자가 되도록 하는 것입니다. 왕상 19:15-16 이스라엘을 ‘거룩한 백성 제사장 나라’로 이끌어 가시겠다는 하나님의 계획은 조금도 물러섬이 없습니다. 하사엘, 예후, 엘리사를 통해 새로운 시대를 여시겠다는 하나님의 계획은 엘리사가 엘리야를 따르는 장면 왕상 19:19-21 으로 그 서막이 열립니다.

보석찾기

갈멜 산에서 있었던 엘리야의 치열한 믿음의 싸움을 순서대로 정리하여 봅시다. 왕상 18:20-40

마음나누기

주변의 모든 사람들이 하나님을 불신할 때에라도, 당신만은 굳게 서서 여호와가 참 신임을 증거할 수 있겠습니까? 그러한 경험이나, 혹은 믿음의 결심을 나눠봅시다.

기도

지금도 살아계셔서 역사하시는 하나님, 하나님을 세상의 통치자로 인정하지 않는 많은 사람들 가운데서도, 하나님의 살아계심을 외칠 수 있는 담대한 믿음의 증거자가 되길 원합니다. 맡겨 주신 사명을 완수하기 위해 더욱 기도하게 하시고, 성령의 충만함을 입게 하여 주옵소서.

나무 104

오므리 왕조의 죄악

왕상 20-22장, 왕하 1장, 대하 18-20장

찬양 **찬송가 –** 201장 · 주의 확실한 약속의 말씀 듣고
찬 양 – 은혜로만 들어가네

기도 이 시간, 말씀을 통독하는 가운데 하나님의 마음과 뜻을 깨달아 알 수 있도록 지혜를 주옵소서.

마음열기 국가 권력이 앞장서서 불의한 사회를 만들어 갈 때에라도, 하나님의 법을 지키기 위하여 끝내 원칙과 소신을 지키는 용감한 사람으로 당신은 서 있을 수 있겠습니까?

함께읽기 함께 열왕기상 21장을 읽어봅시다.

친해지기 아합 시대는 그야말로 폭력이 난무하는 무법의 시대였습니다. 그는 결국 엘리야를 통해 하나님의 심판을 선고받게 됩니다. 그가 저지른 대표적인 악행은 무엇이었습니까?

아합 시대가 얼마나 불의한 시대였는가를 단적으로 보여주는 사건이 '나봇의 포도원 사건' 입니다.[왕상 21장] 이스라엘의 모든 토지의 소유권은 근본적으로 하나님께만 있습니다.[레 25:23] 그런데 아합 왕이 나봇이라는 사람의 포도원을 탐내어 사기를 원했습니다. 그러나 나봇은 비록 왕에게라 하여도 대대로 내려온 자기의 땅을 율법을 어기고서 팔 수는 없다고 말하며 아합의 제안을 거절합니다. 그러자 왕비 이세벨이 국가의 비류들, 이른바 폭력배들을 동원하여 나봇에게 하나님과 왕을 저주하였다는 거짓혐의를 뒤집어씌우고 살해해 버립니다. 왕이 자신의 권력을 이용하여 그 땅을 강탈한 것입니다. 아합의 시대가 하나님의 말씀이 설자리를 잃어버리고, 오직 폭력과 힘만이 난무하던 무법의 시대였음을 명백히 보여주는 사건입니다. 이런 아합과 이세벨의 모습을 지켜보시고 진노하신 하나님께서는 엘리야를 통해 아합과 이세벨에게 심판을 선언하십니다.[왕상 21:20-24]

죄를 저질러 놓고도 자신이 저지른 일이 얼마나 큰 죄악인지 깨닫지 못하던 아합이 선지자 엘리야의 심판 선언을 듣고서야 자신의 죄를 깨닫게 됩니다. 죄를 뉘우치는 아합을 보시고 하나님께서는 그에게 내리기로 하신 심판을 그의 아들 대(代)로 유예하십니다.

"아합이 이 모든 말씀을 들을 때에 그의 옷을 찢고 굵은 베

지혜창고

불순종의 죄 / 아합이 아람 왕 벤하닷을 살려준 것은 이스라엘의 초대 왕 사울이 아말렉을 진멸하라는 하나님의 명령을 받고도 아말렉 왕 아각과 눈에 보기에 좋은 짐승들을 살려둔 것처럼 자신의 생각을 하나님의 명령보다 앞세우는 어리석음을 범한 것이었다(왕상 20:31-34).

로 몸을 동이고 금식하고 굵은 베에 누우며 또 풀이 죽어 다니더라 여호와의 말씀이 (　　　　　) 사람 엘리야에게 임하여 이르시되 아합이 내 앞에서 (　　　　　)을 네가 보느냐 그가 내 앞에서 겸비하므로 내가 재앙을 저의 시대에는 내리지 아니하고 그 (　　　　　)의 시대에야 그의 집에 재앙을 내리리라 하셨더라" 왕상 21:27-29

그가 조금만 더 일찍 베옷을 입었다면 얼마나 좋았을까요? 그랬다면 수많은 백성들의 피해도 없었을 것이요, 이스라엘을 바라보시는 하나님의 마음도 그토록 아프지는 않으셨을 것입니다. 이후, 북이스라엘과 남유다가 길르앗 라못을 되찾기 위해 벌인 아람과의 전쟁에서 아합은 전사합니다 왕상 22장; 대하 18장 아합이 죽자 오므리 왕조는 쇠퇴기로 접어들게 됩니다.

하나님 앞에서 정직히 행하는 아사와 여호사밧이 다스리는 남유다의 역사와, 계속해서 죄악으로 깊어 가는 북이스라엘의 역사가 서로 대비되면서 열왕기상이 마무리되고, 아합의 아들 아하시야로부터 열왕기하가 시작됩니다. 아합의 뒤를 이은 아하시야의 행적은 단 한 가지, 그가 자신의 병을 에그론의 신 바알세붑에게 물었다는 것뿐입니다. 왕하 1:2 아하시야의 시대에도 죄악이 더욱 가속화되고 있음을 확인할 수 있습니다. 아합 가문의 죄악이 온 이스라엘을 뒤덮고 있는 동안, 하나님께서는 엘리야의 뒤를 잇는 엘리사와 선지자의 생도들을 통해 새로운 역사를 준비하고 계십니다.

보석찾기

아합의 강요에도 불구하고 나봇이 끝내 지키려고 했던 율법의 말씀레 25:23을 찾아 적고, 그 안에 담긴 정신에 대해 이야기해 봅시다.

마음나누기

당신이 이 사회의 여러 모습 가운데 정의롭지 못하다고 생각하는 부분은 무엇이며, 그런 것들을 고치기 위해 실제 어떤 노력을 해본 적이 있습니까?

기도

사랑의 아버지 하나님, 그토록 악을 행하는 아합을 향해서도 자비와 긍휼을 베푸시며 그의 회개를 기뻐하셨던 하나님의 사랑을 봅니다. 우리의 모든 부족한 부분들을 덮어주시는 하나님을 더욱 사랑하게 하시며, 더 나아가 당당히 하나님의 말씀을 지키는 자로 이 세상에 설 수 있는 굳건한 믿음을 허락하여 주옵소서.

나무 105

오므리 왕조 VS 엘리사

왕하 2-8장, 대하 21장-22:6

찬양 **찬송가 –** 260장 · 새벽부터 우리
찬 양 – 주께서 주신 동산에

기도 이 시간, 말씀을 통독하는 가운데 하나님의 마음과 뜻을 깨달아 알 수 있도록 지혜를 주옵소서.

마음열기 당신은 하나님께서 맡겨 주신 일을 더 잘 감당하기 위하여 그분께 능력을 구해보신 적이 있습니까?

함께읽기 함께 열왕기하 4장을 읽어봅시다.

친해지기 엘리야의 뒤를 이은 엘리사는 곤핍한 시대에 신앙을 지키는 마지막 보루와 같은 존재입니다. 그가 하나님의 능력을 힘입어 행했던 여러 이적들은 무엇이었습니까?

패역하고 어두운 시대를 밝히기 위해 외롭고도 힘겹게 자신의 사명을 감당했던 엘리야가 이 땅에서의 삶을 마감합니다. 주변의 모든 사람들이 바알을 섬기고, 하나님의 선지자들을 죽이는 시대에도 꿋꿋이 하나님에 대한 신앙을 지켰던 사람이었습니다. 그의 사역은 하나님께서 인정하실 만큼 훌륭한 것이었지만 그의 평생의 수고가 맺은 열매는 아직 눈에 보이지 않습니다. 변할 줄 모르는 시대의 죄악을 바라보며 생을 마감해야 하는 엘리야. 그럼에도 불구하고 그는 그의 제자 엘리사와 선지자의 생도들에게 새로운 소망을 남깁니다.

엘리야의 뒤를 이은 엘리사의 사역이 수면 위로 드러난 것은 북이스라엘과 모압의 전쟁 때입니다.[왕하 3장] 큰 국가적 위기에 처했던 이 전쟁에서 북이스라엘은 엘리사의 도움으로 하나님의 큰 구원을 경험하게 됩니다.[왕하 6:8-7:20] 그러나 위기의 순간에만 하나님을 찾을 뿐 마음 깊은 곳에서는 하나님을 사랑하지 않았던 사사 시대 때처럼 자꾸만 하나님에게서 멀어져가는 북이스라엘을 보시며 하나님께서는 새로운 왕조를 준비하십니다.[왕하 9:1-10]

이러한 역사 흐름 속에서 엘리사의 사역은 선지자의 생도들을 교육하는 일에 집중되었습니다. 엘리사의 사역 중에는 많은 기적 또한 일어났습니다. 기적들은 각기 그 기적들이 행해졌던 배경을 안고 있는데, 다음의 예에서도 그 같은 사실

☑ 알아두기

엘리사의 요구 / 엘리사는 엘리야에게 있는 능력(히브리어로 '루아흐')의 '두 몫'(히브리어로 '피 슈나임')이 자신에게 주어지면 좋겠다는 요청을 했다. 그의 이러한 요구는 신명기 21장 17절(이 본문의 '두 몫'도 히브리어로 '피 슈나임'임)에 근거한 것으로 장자(長子)가 아버지의 유업을 갑절로 받는 것을 의미했다.

을 살펴볼 수 있습니다.

선지자 생도의 아내 중에 한 여인이 과부가 되었는데, 너무 도 가난하여 아들이 종으로 팔리게 되었습니다. 어떻게든 하나님 앞에서 시대의 아픔을 짊어지겠다고 나섰던 선지자 생도의 가족들이 살아가는 모습은 이렇게 힘겨운 것이었습니다. 가난한 생도의 과부를 도와주는 기적왕하 4:1-7은 그런 아픈 시대 상황을 배경으로 한 것입니다. 빈 그릇에 기름이 채워지는 놀라운 기적 자체가 가벼이 취급되어서도 안 되겠지만, 그 기적의 배경 또한 소홀히 여겨서는 안 될 것입니다.

"그릇에 다 찬지라 여인이 아들에게 이르되 또 그릇을 내게로 가져오라 하니 아들이 이르되 다른 그릇이 없나이다 하니 기름이 곧 그쳤더라 그 여인이 하나님의 사람에게 나아가서 말하니 그가 이르되 너는 가서 기름을 팔아 빚을 갚고 남은 것으로 너와 네 두 아들이 생활하라 하였더라" 왕하 4:6-7

그런가 하면, 도끼가 수면으로 떠오르는 기적도 있었습니다. 왕하 6:1-7 다행히도 하나님을 따르겠다고 결심한 생도들이 많아져서 그들이 기거하던 집이 좁아졌던 모양입니다. 그래서 집을 넓히려고 나무를 패다가 그만 빌려온 도끼를 물에 빠뜨리고 만 것입니다. 엘리사가 물 위로 도끼를 떠오르게 합니다. 이 기적은 빌려온 도끼를 혹시 못 돌려주면 어쩌나 고민해야 하는 선지자들의 당시 형편을 단적으로 보여줍니다. 나아가 선지자들을 바라보는 그 시대 백성들의 눈을 고려하신 하나님의 배려라 할 수 있습니다.

하나님을 경외하는 마음이 전혀 없는 시대적 분위기 속에서 엘리야의 뒤를 이은 엘리사는 이처럼 선지자 학교를 운영하며 마지막 보루를 지키고 있는 상황입니다. 그러나 이 일은 국가와 국민들로부터 아무런 관심과 주목을 받지 못하였고, 그들은 하루하루의 삶을 겨우 이어나가고 있었습니다. 다만 시대 앞에 소명을 다하겠다는 열정과 하나님에 대한 사랑을 마음 바탕에 간직하고 있을 뿐입니다. 우리는 엘리사가 행한 기적을 통해 그들이 겪는 생활의 곤핍함은 어떠했으며, 그 어려움을 해결해 나가기 위한 엘리사의 눈물겨운 몸부림은 또 어떠했는지를 짐작해 볼 수 있습니다.

또 하나의 기적은 아람의 장수 나아만을 고쳐준 일입니다.왕하 5장 이 일로 아람의 군대장관 나아만이 하나님을 만군의 주로 고백합니다.

> "나아만이 모든 군대와 함께 하나님의 사람에게로 도로 와서 그의 앞에 서서 이르되 내가 이제 이스라엘 외에는 온 천하에 신이 없는 줄을 아나이다 청하건대 당신의 종에게서 (   )을 받으소서 하니 이르되 내가 섬기는 여호와께서 살아 계심을 두고 맹세하노니 내가 그 앞에서 받지 아니하리라 하였더라 나아만이 받으라고 강권하되 그가 거절하니라 나아만이 이르되 그러면 청하건대 노새 두 마리에 실을 (   )을 당신의 종에게 주소서 이제부터는 종이 번제물과 다른 희생제사를 여호와 외 다른 신에게는 드리지

지혜창고

기회를 주지만 / 시대에 대한 하나님의 관심은 계속해서 엘리사를 통한 기적으로 나타나지만 이스라엘의 지도층들은 여전히 자신들의 안위에만 집중한다. 반면 북이스라엘을 침공한 아람군의 포위로 인해 사마리아 성 중의 백성들은 오랜 시간 굶주리게 된다. 이로 인해 백성들이 자신들의 자녀를 먹는 지경에까지 이르렀다(왕하 7:24-29). 이스라엘의 불행은 이처럼 하나님의 말씀에 대한 지도층들의 무지와 불순종으로 말미암아 끊일 줄 몰랐다.

아니하고 다만 (　　　　　　　　)께 드리겠나이다" 왕하 5:15-17

하나님의 백성으로 지명되었던 이스라엘은 정신을 차리지 못하고 있는데, 이방 백성인 나아만은 하나님의 크고 놀라우심을 체험하며 믿음을 고백하였던 것입니다. 한편, 어두운 이 시대 상황에서, 재물에 눈이 어두워 거짓말로 자신의 잇속을 차린 제자 게하시에게 엘리사가 한탄하며 다음과 같은 말로 질책합니다.

"엘리사가 이르되 한 사람이 수레에서 내려 너를 맞이할 때에 내 마음이 함께 가지 아니하였느냐 지금이 어찌 은을 받으며 옷을 받으며 감람원이나 포도원이나 양이나 소나 남종이나 여종을 받을 때이냐" 왕하 5:26

보석찾기 ○ ● ●

엘리사는 여러 선지생도들과 함께 미래를 준비하는 가운데 많은 고난을 당하기도 하지만 동시에 하나님을 체험하는 사건들도 있었습니다. 왕하 4-6장에서 그런 사건들을 세 가지만 찾아 적어봅시다.

마음나누기 ○ ● ●

당신은 하나님의 공동체를 진심으로 위하는 일에 순종하다가 겪게 되는 어려움 속에서 하나님의 기적을 체험해 본 적이 있습니까?

기도 ○ ● ●

거룩하신 하나님 아버지, 하나님의 능력과 구원의 역사를 찬양합니다. 시대의 분위기나 환경에 좌우되지 않고 오직 믿음을 좇아 살게 하여 주옵소서. 시대와 민족의 문제를 끌어안고 기도하며 몸부림쳤던 신앙의 선배들처럼 살게 하여 주옵소서.

나무 106

예후 왕조 & 엘리사

왕하 9-14장, 대하 22:7-25장

찬양

찬송가 – 377장 · 예수 따라가며
찬　양 – 우리 오늘 눈물로

기도

이 시간, 말씀을 통독하는 가운데 하나님의 마음과 뜻을 깨달아 알 수 있도록 지혜를 주옵소서.

마음열기

오랜 준비 끝에 시작된 아름다운 일이 정한 목표에 도달하지 못하고 어느 선에서 멈추고 말았을 때, 당신은 아쉬움을 느껴본 적이 있습니까?

함께읽기

함께 열왕기하 9장을 읽어봅시다.

친해지기

엘리사의 기름부음을 받은 예후는 일련의 개혁을 단행하게 됩니다. 그가 행한 일들은 무엇이었습니까?

말씀의 숲길로 ○◉●

아합 가문에 대한 심판을 예정하신 하나님께서는 이제 그 자리를 메울 새 사람을 찾으십니다. 엘리사는 선지자 생도 중 하나를 길르앗 라못으로 보내어 예후에게 기름을 붓게 합니다.[왕하 9:1-3] 하나님의 손에 의해 새로이 세워진 예후는 북이스라엘의 바알 선지자들을 모두 처단하는 결단과 용기를 보여 주며 역사의 어두움을 단절시킬 것만 같은 여명을 비추기도 합니다. 그러나 예후는 많은 우상들을 청소하기는 했지만 단과 벧엘에 있는 금송아지들은 제거하지 않았습니다.[왕하 10:28-29] 이로써 그를 통해 국가를 다시 바로 세우고자 하신 하나님의 꿈이 실패로 돌아가고 맙니다.

📖 지혜창고

아쉬운 개혁 / 예후는 요람 왕과 이세벨을 죽이는 데에서 그치지 않고 아합 왕가의 남은 자손들을 모두 처단하더니, 내친 김에 바알을 섬기는 자들을 모두 청소했다. 이러한 예후의 행동은 하나님의 말씀을 성취하는 도구로서 하나님의 마음을 시원하게 할 만했다. 그러나 청소를 하기는 했지만 예전에 금송아지를 만들어 제사를 지냈던 여로보암의 방식을 그대로 좇음으로써 이스라엘의 종교적, 정치적 상황을 하나님께로 확실히 돌려놓지 못하는 답답한 흐름이 계속되고 있다.

그런가 하면, 남유다 왕 여호람이 아합의 딸인 아달랴를 아내로 삼은 것을 시작으로, 북이스라엘의 죄악이 남북 이스라엘 전체로 확대되어 버립니다.[왕하 8:25-27] 아달랴는 남편 여호람과 아들 아하시야를 자기 마음대로 움직여 유다 내에 바알 숭배를 퍼뜨리고, 예후에 의해 아들 아하시야가 죽자, 자기 스스로 유다의 왕이 되어 왕의 씨, 즉 다윗의 후손들을 진멸하려 합니다. 그러나 하나님께서는 다윗의 왕위를 영원토록 튼튼히 하시겠다는 자신의 언약에 신실하셨습니다.

"아하시야의 어머니 아달랴가 그의 아들이 죽은 것을 보고 일어나 왕의 (   )을 모두 멸절하였으나 요람 왕의 딸 아하시야의 누이 여호세바가 아하시야의 아들 (   )

를 왕자들이 죽임을 당하는 중에서 빼내어 그와 그의 유모를 침실에 숨겨 (　　　　　　　　　)를 피하여 죽임을 당하지 아니하게 한지라" 왕하 11:1-2

제사장 여호야다의 아내인 여호세바가 요아스를 몰래 빼내어 구한 후, 아달랴 몰래 6년 동안 키웁니다. 아달랴가 다스린 지 7년째 되는 해, 결국 제사장 여호야다의 주도 아래, 국가의 주도권이 왕자 요아스에게로 되돌아갑니다. 여호야다의 정의로운 혁명을 통하여 유다는 하나님과의 언약을 새롭게 하며, 퇴락한 성전도 새로 고칠 수 있었습니다. 그러나 아쉽게도 여호야다의 죽음과 함께 또다시 남유다는 퇴락의 길을 걷게 됩니다. 왕하 12:17-18; 대하 24장

한편, 북이스라엘은 멸망을 향해 달려가고 있습니다. 아합의 잔재를 청산하기는 했으나, 예후, 여호아하스, 요아스, 여로보암 2세로 이어지는 예후 왕조는 다윗의 길이 아닌 여로보암 1세의 악한 길을 따릅니다. 특히 요아스의 뒤를 이은 여로보암 2세 시대는 이스라엘 역사상 매우 번영했던 시대였지만, 하나님의 공과 의가 실현되지 못했던 시대입니다. 하나님을 향한 신앙이 부패하였고, 지도자들이 사명을 망각한 채 타락하였습니다. 국가 전체가 '거룩한 백성 제사장 나라'의 사명과는 도무지 동떨어져 있던 시대, 역사의 어둠이 깊어 가는 이 시대에 하나님께서는 타는 듯한 마음으로 호세아, 아모스, 요나 같은 선지자들을 보내십니다.

보석찾기 ○ ● ●

예후가 행한 개혁의 성과와 한계를 열왕기하 10장 18-31절에서 찾아 적어봅시다.

마음나누기 ○ ● ●

엘리사의 선지 생도 한 사람이 예후에게 기름을 부음으로써 개혁이 시작되었습니다. 장차 개선될 사회를 위하여 우리가 뿌릴 수 있는 작은 씨앗에는 어떤 것들이 있을까요?

기도 ○ ● ●

사랑과 공의의 아버지 하나님, 죄의 문제에 대해서는 항상 철저하고도 단호한 태도를 갖고, 거룩한 하나님의 자녀답게 살도록 인도하옵소서. 제게 맡겨주신 사명들에 끝까지 순종하며 이 땅 가운데 하나님의 의를 이뤄가는 일에 겸손한 도구로 쓰임 받게 하옵소서.

숲이야기 2

마지막 호소

아모스, 호세아, 요나

나무 107 정의와 공의를 위하여 암 1–9장

나무 108 제사보다 사랑을 원한다 호 1–14장

나무 109 열방을 향한 사랑 욘 1–4장

나무 107

정의와 공의를 위하여

암 1-9장

찬양

찬송가 – 369장 · 네 맘과 정성을 다하여서
찬　양 – 이 땅의 황무함을 보소서

기도

이 시간, 말씀을 통독하는 가운데 하나님의 마음과 뜻을 깨달아 알 수 있도록 지혜를 주옵소서.

마음열기

한 나라의 평화와 번성은 하나님께서 이끄시는 국제 관계 속에 있다고 볼 수 있습니다. 당신은 국가의 번영과 평화가 하나님의 손에 달려 있다는 사실을 깨달아 본 적이 있습니까?

함께읽기

함께 아모스 2장을 읽어봅시다.

친해지기

아모스는 북이스라엘에서 하나님의 공의의 심판을 선포하며 회개를 촉구합니다. 아모스 시대 북이스라엘에서 자행된 경제사회적 부패와 타락상들은 무엇이었습니까?

예후 왕조가 가장 번성했던 때는 네 번째 왕인 여로보암 2세 시절로, BC 8세기 무렵입니다. 그런데 사실 뚜껑을 열어보면, 화려해 보이는 정치적, 경제적 성공 내부에는 부익부 빈익빈 현상이 극으로 치닫고 있었고, 신앙적으로도 우상숭배가 만연했습니다.

이때 하나님께서는 아모스 선지자를 보내셔서 사회의 정의와 공의가 이렇게 무너져서는 안 된다고 말씀하십니다. 또한 호세아를 보내셔서 그들의 종교적 간음에 대해 질타하십니다. 아모스와 호세아의 외침은 참으로 하나님의 '마지막 호소' 였습니다.

당시 국제 상황을 보면, 이스라엘 북쪽에는 아람, 북동쪽에는 앗수르, 남쪽에는 남유다와 애굽이 있었습니다. 북이스라엘은 남쪽과 북쪽을 잇는 길목이며 중간지대이고, 남유다는 웃시야 왕이, 북이스라엘은 여로보암 2세가 다스리고 있었습니다. 이때 북이스라엘은 크게 번성하였는데, 국가의 번영이라는 것은 국가 내부의 여건으로만 가능한 것이 아니라, 주변 나라와의 관계가 매우 중요한 요소입니다. 그런데 여로보암 2세 때에는, 남쪽 애굽의 힘과 북쪽 메소포타미아 세력이 대등하여 힘의 균형을 어느 정도 유지하고 있었습니다.

지혜창고

예언서에 나타난 원근통시법(遠近通視法) / 예언서는 역사서와 다르다. 역사서의 경우, 지난날의 역사적 사실들을 기술하지만 예언서는 현재 이 자리에서 과거의 시간과 미래의 예언까지도 포함하고 있다. 곧 공시성(共時性)과 통시성(通時性)을 동시에 사용하고 있는 것이다. 그런 만큼 예언서의 기자들은 그 시대를 뚫어볼 수 있는 지적, 영적 능력을 가진 사람들이었다.

√ 알아두기

아모스서와 호세아서 대비

아모스	호세아
경제사회적 부패	신앙적 부패
이웃과의 올바르지 못한 관계 경고	하나님과의 올바르지 못한 관계 경고

그런데 얼마 후면 이 세력의 균등함이 깨어질 것입니다. 이것은 곧 두 세력 사이를 받치고 있던 균형의 지렛대가 꺾일 수 있다는 의미입니다. 그렇게 되면 이스라엘 내부의 평화는 순식간에 무너져버릴 수 있습니다. 다시 말해 북이스라엘의 권력자들과 부자들이 누리고 있는 풍요는 주변 국가들의 세력 판도가 달라지는 순간, 곧 사라질 수 있다는 것입니다. 이러한 상황 속에서 아모스가 하나님의 사명을 받게 됩니다. 그리고 북이스라엘의 수도인 사마리아에서 하나님의 심판을 선포하며 회개를 촉구하기 시작합니다.

특히 아모스 1장은 이스라엘 주변 나라들에게 선포하는 심판의 말씀으로서, 하나님이 이스라엘만의 하나님이 아니라 온 세상을 주관하고 심판하시는 창조주이심을 보여 줍니다. 아모스는 아람, 블레셋, 두로, 에돔, 모압 등, 주변 나라들의 죄악을 조목조목 지목하면서 그 죄 때문에 그 나라의 수도가 망할 것이라고 선언합니다. 그리고 2장 6절부터 본격적으로 북이스라엘이 벌을 받는 이유를 지적하기 시작합니다.

"여호와께서 이와 같이 말씀하시되 이스라엘의 서너 가지 죄로 말미암아 내가 그 벌을 돌이키지 아니하리니 이는 그들이 은을 받고 의인을 팔며 신 한 켤레를 받고 가난한 자를 팔며 힘 없는 자의 머리를 티끌 먼지 속에 발로 밟고 연약한 자의 길을 굽게 하며 아버지와 아들이 한 젊은 여인에게 다녀서 내 거룩한 이름을 더럽히며 모든 제단 옆에서 전당 잡은 옷 위에 누우며 그들의 신전에서 벌금으로 얻은 포도주

를 마심이니라" 암 2:6-8

아모스는 부자들과 가난한 사람들의 삶을 대조시켜 놓습니다. 이스라엘 지역은 밤이 되면 매우 추워지는데, 그래서 이불이 따로 없는 가난한 노숙자들은 하나뿐인 겉옷을 덮고 자야만 합니다. 하나님께서는 오래 전, 모세를 통해 율법을 주실 때, 가난한 사람에게 전당으로 잡은 옷은 해가 지기 전에 돌려주라고 명시하신 바 있습니다. 출 22:26-27 그런데 여로보암 2세 시절에는 이런 하나님의 말씀이 하나도 실행되지 않았고, 그래서 가난한 자들이 낮에 전당잡힌 겉옷을 찾을 능력이 없어 추위에 고통 받고 있었습니다. 그런데 부자들은 여름궁, 겨울궁을 따로 지어놓고 상아침대에 누워서 살찐 양들을 잡아 요리하고 대접에 포도주를 따라 마시며 비파와 수금을 타고 있는 것입니다.

우리 하나님께서는 부자들이 누리는 풍요의 수준으로 그 시대를 평가하시는 것이 아니라, 가난한 사람들이 느끼는 삶의 행복도로 공동체의 수준을 가늠하십니다. 하나님께서 부한 자들에게 요구하시는 것은 바로 동시대의 가난한 사람들을 돌보는 것입니다. 부자가 가난한 자의 머리에 있는 티끌까지 탐내는 여로보암 2세 시대는 하나님께서 보시기에 실로 한탄할 만한 시대인 것입니다. 하나님께서 말씀하십니다.

"내가 너희 절기들을 미워하여 멸시하며 너희 성회들을 기뻐하지 아니하나니 너희가 내게 번제나 소제를 드릴지라도

지혜창고

폭탄선언 / 아모스가 드디어 이스라엘 백성의 정면에서 폭탄 선언을 하고 있다(암 3장). 하나님의 거룩한 백성이요, 제사장 나라로서 그 역사적 소임을 다하지 못하는 이스라엘이야말로 하나님의 심판을 받아 마땅하다는 것이다.

> 내가 받지 아니할 것이요 너희의 살진 희생의 (   )
> 도 내가 돌아보지 아니하리라 네 (   )를 내
> 앞에서 그칠지어다 네 비파 소리도 내가 듣지 아니하리라
> 오직 정의를 물 같이, (   )를 마르지 않는 강 같
> 이 흐르게 할지어다" 암 5:21-24

하나님께서 이스라엘에게 요구하시는 것은 "오직 정의를 물 같이, 공의를 마르지 않는 강 같이" 흐르게 하는 것입니다. 이스라엘을 향해 무서운 심판이 선포된 이유도 그들이 하나님의 공의와 정의를 잃어버렸기 때문입니다.

아모스의 마음을 더욱 아프게 하는 것이 있다면, 그것은 바로 하나님의 심판 예언을 받아들이지 않는 이스라엘의 지도자들입니다. 그들은 아모스가 전하는 하나님의 말씀에 귀를 막고 있는 자들입니다. 북이스라엘의 살 길은 오직 하나님의 말씀을 받아들이고 회개하는 것임에도 불구하고, 하나님의 말씀을 무시하는 그들로 인해 아모스의 슬픔은 더해만 갔고, 하나님의 마음 또한 타들어 갔습니다. 이제 하나님께서는 이스라엘 역사의 단절을 선언하시며 또 다른 희망을 위해 새로운 시작을 기약하십니다.

☑ 알아두기

The End / 이스라엘 언어인 히브리어로 "실과(카이츠)"라는 말과 "끝(케츠)"이라는 말은 비슷하게 발음이 난다. 하나님께서 이스라엘의 끝이 이르렀음을 비유해서 알려주신 것이다(암 8장). 양식이 없어서 주림이 아니며 물이 없어 갈함이 아니고 하나님의 말씀을 듣지 못하여 기근과 가뭄을 겪고 있는 이스라엘 땅의 결과이다.

보석찾기 ○ ● ●

하나님의 돌보심 아래에서 경제적 번성을 누리던 자들이 그 혜택을 공동체를 위해 나누지 않는 것을 하나님께서는 죄악으로 지적하십니다. 그 지적의 내용을 아모스 2장 6-12절에서 두 가지만 찾아 적어봅시다.

마음나누기 ○ ● ●

당신은 이 시대의 사회적 약자들을 돌보며 사랑하기 위해 어떠한 노력을 할 수 있겠습니까?

기도 ○ ● ●

거룩하신 하나님, 올바른 판단력과 선을 행할 능력을 주셔서 하나님 편에서 공의를 세우고 정의롭게 살 수 있도록 도와주옵소서. 오직 주님을 겸손히 섬기며 이웃에게 사랑을 베풀 줄 아는 자가 되게 하여 주옵소서.

나무 108

제사보다 사랑을 원한다

호 1-14장

찬양 **찬송가 –** 404장 · 그 크신 하나님의 사랑
찬 양 – 주님과 같이 내 마음 만지는 분은 없네

기도 이 시간, 말씀을 통독하는 가운데 하나님의 마음과 뜻을 깨달아 알 수 있도록 지혜를 주옵소서.

마음열기 당신은 형식적인 외형 꾸미기보다 그 안에 담긴 마음과 진실이 더욱 중요하다는 사실을 깨달았던 경험이 있습니까?

함께읽기 함께 호세아 6장을 읽어봅시다.

친해지기 호세아가 사역하던 시기에, 북이스라엘 백성들은 우상을 섬기는 죄악에서 돌이키지 못하고 있었습니다. 진정 하나님이 원하시는 것은 무엇이었습니까?

아모스를 통해 이스라엘을 호되게 질책하셨던 하나님께서 이제는 호세아의 결혼 생활을 통하여 그분의 사랑을 전하고 계십니다. 이 사건을 시작으로 하나님께서는 호세아를 통해 마음속에 있던 이야기들을 쏟아놓으십니다.

"여호와께서 처음 호세아에게 말씀하실 때 여호와께서 호세아에게 이르시되 너는 가서 음란한 여자를 맞이하여 음란한 자식들을 낳으라 이 나라가 여호와를 떠나 크게 음란함이니라 하시니 이에 그가 가서 디블라임의 딸 고멜을 맞이하였더니 고멜이 임신하여 아들을 낳으매" 호 1:2-3

호세아와 결혼한 음란한 여인 고멜이 낳은 아이들의 이름은 "로루하마"(긍휼히 여김을 받지 못하는 자)요, "로암미"(내 백성이 아니라)입니다. 하나님 아버지의 품을 떠난 자식들인 이스라엘 백성들을 상징합니다. 하지만 그들을 "내 백성이 아니다"라고 부르면 부를수록, 그들은 더욱 살아계신 하나님의 자녀였습니다.

"고멜이 로루하마를 젖뗀 후에 또 임신하여 아들을 낳으매 여호와께서 이르시되 그의 이름을 로암미라 하라 너희는 내 백성이 아니요 나는 너희 하나님이 되지 아니할 것임이니라 그러나 이스라엘 자손의 수가 바닷가의 모래 같이 되어서 헤아릴 수도 없고 셀 수도 없을 것이며 전에 그들에게 이르기

하나님의 사람들

기막힌 사정 / 하나님께서는 호세아의 딸에게 '로루하마(긍휼히 여김을 받지 못하는 자)'라는 이름을, 아들에게는 '로암미(내 백성이 아니라)'라는 이름을 지어준다. 호세아는 음란한 여자를 맞이하여 음란한 자식을 낳는 기막힌 사정을 당하며, 그 시대 이스라엘을 향하신 하나님의 마음을 이해하게 된다. 그리고 마음 깊은 곳에서부터 이스라엘에게 외치게 된다. "하나님께 돌아오라!"

를 너희는 내 백성이 아니라 한 그 곳에서 그들에게 이르기를 너희는 살아계신 하나님의 아들들이라 할 것이라" 호 1:8-10

이렇게 이스라엘 백성을 향해 불붙듯 일어나는 하나님의 사랑에도 불구하고 이스라엘은 여전히 죄악과 우상에서 헤어나오지 못하고 있었습니다. 여호와 하나님을 섬긴다는 것은 레위기의 말씀을 읽고, 모세의 율법대로 살아가는 것입니다. 가족 관계, 이웃과의 관계를 하나님께서 정하신 법도대로 따르는 것이며, 더 나아가 그 방식을 이웃 나라에 선교해야 하는 사명까지 감당하는 것입니다. 그런데 이스라엘 땅에는 이미 진실도 없고, 인애도 없고, 하나님을 아는 지식도 없습니다. 그들이 잠시 누리는 풍요로움은 아침의 안개와도 같은 것일 뿐, 하나님을 떠난 이스라엘에게 더 이상의 희망은 없습니다.

"이스라엘 자손들아 여호와의 말씀을 들으라 여호와께서 이 땅 주민과 논쟁하시나니 이 땅에는 진실도 없고 인애도 없고 하나님을 아는 지식도 없고 오직 저주와 속임과 살인과 도둑질과 간음뿐이요 포악하여 피가 피를 뒤이음이라" 호 4:1-2

아무리 하나님의 선지자들이 돌이킬 것을 외쳐도, 이스라엘 백성들의 회개는 얕고 상투적이었습니다. 자신들의 죄를 깊이 자복하고 완전히 낮아져서 하나님을 찾기보다는 이 과정을 생략해 버린 채, 하나님의 자비를 너무도 당연시 하고 있는 것입니다. 금방 끓어올랐다가 금방 사라져버리는 그들의 마음에 대해 하나님은 한탄하시며 답답해하십니다.

> "에브라임아 내가 네게 어떻게 하랴 유다야 내가 네게 어떻게 하랴 너희의 인애가 아침 구름이나 쉬 없어지는 (　　　　　) 같도다 그러므로 내가 선지자들로 그들을 치고 내 입의 말로 그들을 죽였노니 내 심판은 (　　　)처럼 나오느니라 나는 인애를 원하고 제사를 원하지 아니하며 번제보다 하나님을 (　　　　　　　　　)을 원하노라" 호 6:4-6

하나님께서 바라시는 것은 변치 않는 사랑이지, 눈에 보이는 제사나 그 무엇이 아닙니다. 이스라엘을 애굽에서 부르실 때부터 하나님께서 이스라엘에게 일관되게 요구하신 것은 하나님을 신실하게 사랑하는 것뿐입니다. 지금 이스라엘이 멸망당하게 되는 이유도 오직 한 가지, 하나님을 변함없이 사랑하지 못했기 때문입니다. 하나님을 사랑하지 못했기에 이웃을 사랑하지도 못했던 것이요, 우상을 섬겼던 것입니다.

북이스라엘 백성들은 주변의 나라들이 섬기는 신, 곧 바알과 아스다롯을 섬기고 있습니다. 바알 신앙은 바알과 아스다롯, 곧 남신과 여신이 서로 금슬(琴瑟)이 좋으면 비가 풍족히 내려 농사가 잘 되고 풍요롭게 된다는 것이었습니다. 그러므로 바알과 아스다롯을 자극하기 위해 신전에는 많은 여사제들이 있었습니다. 그 여사제들과 남신도들이 지붕이 없는 신전에서 음란한 성행위를 하는 것이 그들의 신앙생활이었던 것입니다. 아마도 고멜이 이런 바알 신전의 여사제였던 것 같습니다.

하나님의 **계획**

치료의 하나님 / 이스라엘에게 자신을 치료하시는 여호와로 나타내셨던 하나님(출 15장)께서는 지금 이 순간까지 그들의 죄악을 고치시기 위해 애쓰셨지만, 그들의 유일한 살길, 곧 하나님을 구하고 의지하는 길로 돌아오지 않는 북이스라엘 백성들에게 하나님께서는 포기를 선언하실 수밖에 없으셨다.

호세아는 이런 고멜과의 관계를 통해서 이스라엘의 우상숭배를 여실히 보여 주었습니다. 그러나 호세아가 고멜의 남편이며 고멜이 낳은 자녀들의 아버지인 것을 포기할 수 없었듯이 하나님께서도 이스라엘의 남편이요, 그들의 아버지 됨을 포기할 수 없으셨습니다. 호세아가 고멜을 두고 보여 준 행동은 이스라엘과 결혼한 하나님께서 그들과의 연분을 결코 쉽게 끊을 수 없음에 대한 상징이었습니다.

"에브라임이여 내가 어찌 너를 놓겠느냐 이스라엘이여 내가 어찌 너를 버리겠느냐 내가 어찌 너를 아드마 같이 놓겠느냐 어찌 너를 스보임 같이 두겠느냐 내 마음이 내 속에서 돌이키어 나의 긍휼이 온전히 불붙듯 하도다 내가 나의 맹렬한 진노를 나타내지 아니하며 내가 다시는 에브라임을 멸하지 아니하리니 이는 내가 하나님이요 사람이 아님이라 네 가운데 있는 거룩한 이니 진노함으로 네게 임하지 아니하리라" 호 11:8-9

이러한 호세아의 마지막 호소가 있고 난 후 얼마 지나지 않아 북이스라엘은 앗수르에 의해 멸망하고 맙니다. 왕하 17:6 사마리아의 뿌리가 뽑혀서 사방으로 흩어집니다. 호세아의 메시지는 진실로 하나님의 마지막 호소였던 것입니다.

보석찾기 ○ ● ●

하나님께서는 이스라엘 땅에는 눈에 보이는 지도자와 사회적인 요건들은 있었으나 거기에는 가장 중요한 몇 가지 것들은 없다고 지적하십니다. 그들에게 없는 것들이 무엇인지 호세아 4장 1절에서 찾아 적어봅시다.

마음나누기 ○ ● ●

하나님께서 이스라엘 백성을 사랑의 줄로 끝없이 이끌어 주셨다고 호세아는 이야기합니다.[호 11:4] 당신을 향한 하나님의 사랑의 줄을 당신은 어떻게 붙들고 있습니까?

기도 ○ ● ●

사랑의 하나님, 저희가 경험하고 느끼는 순간순간이 주님의 은혜를 깨닫는 기회가 되도록 하여 주옵소서. 또한 저희가 행하는 모든 일들이 주님의 사랑을 전하는 징검다리가 되도록 인도하옵소서.

나무 109

열방을 향한 사랑

욘 1-4장

찬양 **찬송가 –** 408장 · 내 주 하나님 넓고 큰 은혜는
찬 양 – 세상 모든 민족이

기도 이 시간, 말씀을 통독하는 가운데 하나님의 마음과 뜻을 깨달아 알 수 있도록 지혜를 주옵소서.

마음열기 당신은 구약 성경을 통독하면서 아브라함 이후 천 년 이상 동안 열방을 향해 타오르는 하나님의 사랑을 느껴본 적이 있습니까?

함께읽기 함께 요나 4장을 읽어봅시다.

친해지기 요나는 이방성읍 니느웨가 구원받기보다는 멸망하기를 원했습니다. 니느웨가 하나님의 긍휼을 입어 용서를 받자 오히려 싫어하고 화를 냈습니다. 그 이유는 무엇이었습니까?

아모스, 호세아가 북이스라엘의 죄악을 폭로하며 하나님의 마지막 경고를 전하고 있었던 그때, 하나님께서는 이방을 향해서도 새로운 구원 계획을 실행하십니다. 당시 세계의 패권을 쥐고 있던 앗수르의 수도 니느웨 성에 요나를 보내신 것입니다.

이스라엘, 특히 요나가 활동했던 여로보암 2세 통치 하의 북이스라엘은 온 인류를 향한 하나님의 구원 계획을 망각한 채, 자신들만이 구원의 대상이라고 착각하고 있었습니다. 역시 이런 폐쇄적인 생각에서 벗어나지 못하고 있는 선지자 요나에게 하나님의 말씀이 임합니다. "너는 일어나 저 큰 성읍 니느웨로 가서 그것을 향하여 외치라."욘 1:2 니느웨의 죄악을 사실 그대로 지적하여 회개시키라는 말씀이었습니다.

그러나 요나는 하나님의 말씀을 순종하고 싶어하지 않습니다. 그래서 니느웨로 가는 배 대신 다시스로 가는 배를 타버립니다. 하지만 하나님의 눈을 피할 수는 없습니다. 그는 결국 물고기 뱃속에서 삼 일을 보낸 후에야 하나님의 뜻에 순종해 니느웨로 갑니다. 이스라엘을 향한 하나님의 사랑은 온 세계를 향한 하나님의 마음입니다. 요나가 아무리 거부하려 해도 하나님의 이 거대한 구원의 섭리를 역행할 수는 없습니다.

☑ 알아두기

그릇된 선민의식 / 요나는 여타의 선지자들과는 다른 모습을 보여 주고 있다. 다른 하나님의 선지자들은 하나님의 말씀에 전폭적으로 순종했지만, 요나는 하나님의 마음을 헤아리기는커녕 오히려 하나님께 대들었다. 그러나 요나 입장에서는 충분히 그럴 만한 이유가 있었다. 그의 가치관과 구원관으로는 이방 백성은 당연히 멸망해야 되며, 고려의 가치가 전혀 없는 대상으로 생각되었기 때문이다. 더군다나 니느웨는 이스라엘을 위협하는 적국 앗수르의 수도였다. 요나가 이러한 상황 속에서 니느웨를 향한 하나님의 마음을 깨닫고 받아들이기란 결코 쉽지 않았을 것이다.

지혜창고

심판의 목적은 멸망이 아니라 회개 / 요나는 니느웨를 향한 하나님의 심판 선언의 목적이 멸망이 아니라, 회개와 구원이었던 것을 처음엔 깊이 깨닫지 못했던 것이다. 그럼에도 불구하고 니느웨 성이 회개하여 구원을 받는 사건은 이스라엘로 인해 근심하시는 하나님께 작은 기쁨이 되었을 것이다.

그런데 어렵사리 니느웨에 도착해 놓고도 요나는 하나님의 말씀을 외치는 데 별로 열성이 없습니다. 그는 삼 일 길이나 되는 그 큰 성읍을 도는 데에 고작 하루밖에 쓰지 않습니다. 전심을 다해 외치기보다는 얼렁뚱땅 했다고 볼 수 있습니다. 욘 3:3-4 니느웨를 향해 심판을 외치라 하신 하나님의 본마음이 '멸망이 아닌 구원'이라는 것을 짐작한 요나는 하나님의 그런 생각이 도무지 못마땅했던 것입니다. 요나의 순종은 하나님의 마음을 온전히 헤아린 적극적 순종이라기보다는 어쩔 수 없는 상황에서 비롯된 지극히 소극적인 순종이었습니다.

그런데 요나의 그런 성의 없는 외침에도 불구하고 니느웨 사람들이 회개하기 시작합니다. 그들의 회개를 들으신 하나님께서는 심판의 뜻을 돌이키시는 긍휼을 베푸십니다. 욘 3:5-10 그러자 니느웨가 망하기만을 바라고 있던 요나의 속마음이 그대로 드러납니다.

"요나가 매우 싫어하고 성내며 여호와께 기도하여 이르되 여호와여 내가 고국에 있을 때에 이러하겠다고 말씀하지 아니하였나이까 그러므로 내가 빨리 다시스로 도망하였사오니 주께서는 은혜로우시며 자비로우시며 노하기를 더디하시며 인애가 크시사 뜻을 돌이켜 재앙을 내리지 아니하시는 하나님이신 줄을 내가 알았음이니이다 여호와여 원하건대 이제 내 생명을 거두어 가소서 사는 것보다 죽는 것이 내게 나음이니이다 하니" 욘 4:1-3

이 말의 분위기를 잘 알아야 합니다. 요나는 지금 하나님의 인자하심을 찬양하고 있는 것이 아닙니다. 요나의 말투에는 이방인을 벌하지 않으신 하나님을 향한 못마땅함이 드러나 있습니다. 하나님께서 요나를 보내신 목적은 니느웨 성읍 사람들을 멸망시키는 것이 아니라, 어떻게든 뜻을 돌이켜 구원하고자 하시는 것이었는데, 요나는 하나님의 그 깊은 마음을 이해하지 못한 것입니다. 사실, 출애굽 후 이스라엘이 세워지고 수백 년이 지났으면 이스라엘 백성들 스스로 열방으로 나가 하나님의 뜻을 전해야 하는 것 아닙니까? 그런데 하나님께서 가라고 하는 것도 싫어하고, 죄인들이 하나님 앞에 회개하는 일까지도 못마땅해 하고 있는 것입니다. 다른 사람도 아닌, 하나님의 부르심을 받은 선지자가 말입니다.

하나님의 계획

하나님의 열심, 해외선교 / 하나님께서는 사실 요나와 같은 선지자를 많이 보내고 싶으셨다. 요나를 앗수르의 수도 니느웨에 보냈는데, 그들에게 40일 후에 망한다고 했더니 그들이 돌아섰다. 이스라엘에게는 30년 후에 망한다고 해도 듣지 않는데 말이다.

여기에서 우리는 이스라엘의 왜곡된 선민사상과 잘못된 민족주의를 봅니다. 요나의 입장에서는 언제 자기 조국에 해를 가할지 모르는 적대국이 잘 되는 것, 하나님께서 자기들의 적을 멸하시지 않고 보호하시고 사랑하시는 것을 이해할 수가 없었던 것입니다.

그러나 니느웨 성을 구원하신 하나님께서는 요나에게도 열방을 향한 당신의 마음을 보여 주십니다. 하나님께서 부지런히 박 넝쿨을 준비하십니다. 요나를 위해서입니다. 그런데 태양의 열기를 가려주는 그 박 넝쿨로 인해 심히 기뻐했던 요나가 그 박 넝쿨이 없어지자 화를 냅니다. 요나의 그러한 모습을 보시고 하나님께서 말씀하십니다.

"여호와께서 이르시되 네가 수고도 아니하였고 (　　　　　) 도 아니하였고 하룻밤에 났다가 하룻밤에 말라 버린 이 박 넝쿨을 아꼈거든 하물며 이 큰 성읍 (　　　　　　　)에는 좌우를 분변하지 못하는 자가 십이만여 명이요 가축도 많이 있나니 내가 어찌 (　　　　　　　　) 아니하겠느냐 하시니라" 욘 4:10-11

아무 수고도 하지 않고 얻은 박 넝쿨이 요나에게 그리도 중요했다면, 하나님이 인생들에게 집중하시는 것은 더욱 당연하다는 것입니다. 이 말씀을 듣고서 아마 요나는 하나님의 마음을 깊이 깨달았을 것입니다. 하나님은 이스라엘을 기르셨습니다. 그들만이 아니라 이방 민족인 니느웨 사람들까지도 기르셨습니다. 니느웨도 구하고 싶으신 하나님, 하물며 그토록 정성을 쏟아 오신 이스라엘은 어떻겠습니까?

보석찾기 ○●●

열방을 향한 요나의 편견을 고치기 위하여 하나님께서 어떤 준비를 하시며 어떤 수고와 노력을 하시는지 요나 4장 6-11절에 나오는 사건의 단계를 이야기해 보십시오.

마음나누기 ○●●

당신은 우리 민족이 좌우를 분변치 못할 때, 그런 우리 민족을 사랑하셔서 선교사들을 보내주셨던 하나님의 은혜에 관해 생각해 보신 적이 있습니까?

기도 ○●●

한없는 사랑과 은혜의 하나님, 모든 민족과 열방을 향한 하나님의 크신 사랑을 깨닫게 하시니 감사합니다. 우리 안에 있는 교만과 편견의 마음을 고쳐주시고, 그 어떤 사람을 향해서라도 주의 사랑을 전하고 나누는 전도자들이 되게 하옵소서.

숲이야기 3

하나님의 세계경영

열왕기하 15-20장, 역대하 26-32장, 이사야 1-39장

나무 110 북왕국의 퇴락과 이사야의 소명 왕하 15장, 대하 26-27장
사 1-6장

나무 111 아하스의 선택과 이사야의 충고 왕하 16-17장, 대하 28장
사 7-14장

나무 112 '이상 골짜기' 예루살렘 왕하 18:1-12절, 대하 29-31장
사 15-35장

나무 113 하나님의 세계경영 왕하 18:13-20장, 대하 32장
사 36-39장

나무 110

북왕국의 퇴락과 이사야의 소명

왕하 15장, 대하 26-27장, 사 1-6장

찬양

찬송가 – 269장 · 온 세상 위하여
찬　양 – 주님 내가 여기 있사오니

기도

이 시간, 말씀을 통독하는 가운데 하나님의 마음과 뜻을 깨달아 알 수 있도록 지혜를 주옵소서.

마음열기

당신이 하나님께로부터 받은 소명에 대해서 생각해 본 적이 있습니까?

함께읽기

함께 이사야 6장을 읽어봅시다.

친해지기

여로보암 2세 이후 북왕국 이스라엘은 급격히 몰락하게 됩니다. 이러한 시대에 남유다에서는 이사야가 하나님의 부름을 받습니다. 이사야가 받은 소명은 무엇입니까?

말씀의 숲길로 ○●●

BC 8세기에는 북쪽의 중심 앗수르와 남쪽의 중심인 애굽이 팽팽한 세력을 유지하고 있었습니다. 그런데 북쪽의 앗수르가 점차 그 세력을 팽창하고, 제국주의를 표방하며 남하정책을 펴기 시작합니다. 곧 남북 간의 세력은 균형이 깨져버리고 이는 전쟁으로 귀결될 것이 분명했습니다. 그 틈에 끼어 있는 이스라엘은 이 세력 균형이 깨짐과 동시에 전쟁에 휩싸일 가능성이 농후한 지리적 조건에 놓여 있었습니다.

그런데 이 큰 숲을 보지 못하는 북이스라엘은 일시적인 평안 속에서 상아궁과 여름궁을 짓고 있었습니다. 이때 하나님의 예언자들이 세계의 큰 흐름을 보면서 이들의 어리석음과 죄악을 지적하고 하나님의 마음을 전하였으나, 이스라엘 백성들은 끝내 거부하고 맙니다. 결국 아모스와 호세아 같은 선지자들이 활동했던 여로보암 2세 시대가 끝나자, 북이스라엘은 큰 혼란 속에서 멸망을 향해 급격히 치달아갑니다.

여로보암 2세의 뒤를 이은 스가랴 왕은 왕이 된 지 6개월 만에 살룸에 의해 살해됩니다.[왕하 15:8-10] 이 스가랴의 죽음과 함께 예후 왕조도 막을 내리고 이때부터 이스라엘은 모반과 배신이 계속되는 혼란의 역사 속으로 빠져듭니다.

살룸의 재위 기간은 스가랴보다도 짧았습니다. 왕이 된 지 한 달 만에 므나헴에 의해 살해되었기 때문입니다. 살룸을 죽이고 왕위에 오른 가디의 아들 므나헴은, 자기가 반역을 수행할 때 성문을 열어 주지 않았다는 이유로 임신한 여인들의 배를 갈라 죽이기까지 합니다. 왕하 15:14-16 하나님의 뜻에는 아랑곳하지 않은 채 권력욕에 눈이 먼 이들에 의해 이스라엘이 고통당하고 있는 현장입니다.

므나헴 재위 당시 앗수르 왕 불(디글랏 빌레셀 3세)이 이스라엘을 공격하자 므나헴은 이스라엘 모든 부자들에게 은을 오십 세겔씩 걷어서 앗수르 왕에게 은 일천 달란트를 바치고서야 앗수르 군대를 물러가게 합니다. 왕하 15:19-20 이런 므나헴의 뒤를 이어 그의 아들 브가히야가 왕위에 오르는데, 2년 만에 장관 르말랴의 아들 베가가 반역을 일으킵니다. 왕하 15:23-25 베가는 앗수르에 저항하는 정책을 펴면서 아람의 르신 왕과 함께 앗수르에 대항하는 동맹체를 형성하여, 후에 유다의 아하스 왕을 공격합니다. 왕하 16:5-6 이후 엘라의 아들 호세아가 베가를 죽이고 왕이 되는데, 그가 바로 북이스라엘의 마지막 왕입니다.

이처럼 혼란에 혼란이 거듭되는 국가상황은 일촉즉발(一觸卽發) 위기 그 자체입니다. 그러나 그런 상황 속에서도 백성들은 하나님을 찾지 않습니다. 권력의 중심에는 언제든 반란을 일으켜 왕권을 가로채려는 자들로 가득 차 있을 뿐, 어느 누구도 하나님께 호소하지 않는다고 한탄했던 호세아의 예언 그대로였습니다. 호 7장 예언자들은 유일한 탈출구로 하나님을 제시했지만, 이스라엘은 예언자들의 목소리에 도무지 귀를 기울이지 않고 있습니다.

한편 남유다에서는 52년간 나라를 통치했던 웃시야가 죽고 그의 아들 요담이 왕위를 물려받습니다. 왕하 15:32-33; 대하 26:23-27:1 요담은 아버지 웃시야가 남겨놓은 강한 국가를 유지하기 위해 노력합니다. 그런데 문제는 요담 왕만이 하나님 앞에서 바르게 살았을 뿐, 그 시대 백성들은 그렇지 못했다는 점입니다.

"요담이 그의 아버지 웃시야의 모든 행위대로 여호와 보시기에 정직하게 행하였으나 여호와의 성전에는 들어가지 아니하였고 백성은 여전히 부패하였더라" 대하 27:2

시대가 흐를수록 백성들은 더욱 악한 일에 익숙해지고 말았고, 그 결과 유다는 요담의 시대를 보낸 후, '아하스 시대' 라는 최악의 시기를 맞게 됩니다. 이처럼 예민한 시대에 이사야가 사명을 받은 것입니다.

> "그 때에 그 스랍 중의 하나가 부젓가락으로 제단에서 집은 바 핀 숯을 손에 가지고 내게로 날아와서 그것을 내 (　　　　　)에 대며 이르되 보라 이것이 네 입에 닿았으니 네 악이 제하여졌고 네 (　　　)가 사하여졌느니라 하더라 내가 또 주의 목소리를 들으니 주께서 이르시되 내가 누구를 보내며 누가 우리를 위하여 갈꼬 하시니 그 때에 내가 이르되 내가 여기 있나이다 나를 (　　　　　　　　　　) 하였더니 여호와께서 이르시되 가서 이 백성에게 이르기를

하나님의 사람들

이사야 / 이사야는 당대 최고의 학자였다. 그는 율법에 정통하였고, 국제정세를 손바닥 들여다보듯 하던 사람이었다. 그는 학문의 깊이만큼이나 하나님에 대한 정성 또한 남달랐던 사람이다. 이사야, 그는 한 마디로 '행동하는 지식인' 이었다. 하나님에 대한 열심과 시대적 안목을 가지고 있던 이사야가 자신의 온 삶을 다 바쳐 유다 백성들에게 하나님을 소개하고, 그분에게로 돌아오라고 간절히 설득했다. 또한 하나님의 구원의 영광이 얼마나 찬란한 것인지를 보여주며 소망을 가질 수 있게 했지만, 유다 백성들의 반응은 끝내 '거절' 이었다.

너희가 듣기는 들어도 깨닫지 못할 것이요 보기는 보아도 알지 못하리라 하여" 사 6:6-9

유다를 향해 하나님께서 통곡하십니다. 하찮은 짐승에 불과한 소와 나귀도 그 주인을 알고 있건만, 이스라엘은 지금까지 자신들을 보듬어 오신 하나님을 깨닫지 못하고 외면하고 있다고 한탄하십니다.

"하늘이여 들으라 땅이여 귀를 기울이라 여호와께서 말씀하시기를 내가 자식을 양육하였거늘 그들이 나를 거역하였도다 소는 그 임자를 알고 나귀는 그 주인의 구유를 알건마는 이스라엘은 알지 못하고 나의 백성은 깨닫지 못하는도다 하셨도다" 사 1:2-3

유다를 향한 하나님의 계획은 이미 확정되었습니다. 이사야에게 주어지는 하나님의 청사진은 심판이었습니다. 그러나 심판 그 자체만은 아닙니다. 물로 세계를 쓸어 버리셨으나 노아를 통해 세계 역사를 이어가셨던 것처럼, 창 6-9장 유다와 예루살렘 또한 "거룩한 씨"를 통해 그 역사가 이어져 갈 것입니다. 이 청사진을 가지고 하나님과 함께 일할 사람으로 이사야를 부르신 것입니다. 이제 그를 통해 유다를 향한 하나님의 징계와 회복의 예언이 선포되기 시작합니다.

보석찾기 ○ ● ●

이사야가 소명을 받을 무렵, 당시 이스라엘을 중심으로 한 국제 정세가 어떠했는지 열왕기하 15장, 특히 19-20절을 참고하여 이야기해 봅시다.

마음나누기 ○ ● ●

하나님께서 당신의 뜻을 이루시기 위하여 당신을 어딘가로 보내시고자 할 때, 당신은 이사야의 대답처럼 "내가 여기 있나이다. 나를 보내소서."라고 대답할 준비가 되어 있습니까?

기도 ○ ● ●

절대적인 순종과 전적인 헌신을 요구하시는 하나님, 우리 마음이 하나님을 인하여 즐거워하고 기뻐하며, 어린아이와 같이 순전하고 정직한 심령으로 하나님을 전심으로 섬기도록 도와주옵소서. 주께서 부르실 때, 믿음으로 응답하는 순종의 사람이 되게 하옵소서.

나무 111

아하스의 선택과 이사야의 충고

왕하 16-17장, 대하 28장, 사 7-14장

찬양 **찬송가** – 344장 · 이 눈에 아무 증거 아니 뵈어도
찬　양 – 주님은 나의 구원의 반석

기도 이 시간, 말씀을 통독하는 가운데 하나님의 마음과 뜻을 깨달아 알 수 있도록 지혜를 주옵소서.

마음열기 당신은 중요한 결정을 내려야 할 때, 다른 사람의 소중한 충고를 경청해 본 적이 있습니까?

함께읽기 함께 열왕기하 16장을 읽어봅시다.

친해지기 아람 왕 르신과 북이스라엘 왕 베가의 연합군이 남유다를 공격하자, 유다 왕 아하스는 이사야의 충고를 무시하고 앗수르에게 도움을 청합니다. 그 결과는 무엇이었습니까?

말씀의 숲길로 ○●●

지금 남유다 주변의 국제 정세는 한 치 앞을 내다볼 수 없을 정도로 혼돈 속에 빠져 있습니다. 이 혼돈의 가장 큰 이유는 앗수르가 남하정책을 펴기 시작한 데에 있습니다. 앗수르는 가장 먼저 아람, 그 다음 북이스라엘, 그리고 남유다를 거쳐 애굽을 정복하려는 속셈을 가지고 있습니다. 그들의 정복 대상이 된 아람과 북이스라엘은 앗수르에 대항하는 동맹체를 결성합니다. 그리고 남유다도 거기에 동참해 주기를 요청합니다. 하지만 남유다는 그 동맹 제안을 거절했고, 그러자 혹시 남유다가 앗수르와 협력하여 그들의 뒤를 공격할지도 모른다고 판단한 아람과 북이스라엘은 남유다와의 전쟁을 선포합니다.

위기상황을 감지한 남유다 왕 아하스의 마음과 백성들의 마음이 "숲이 바람에 흔들림 같이" 흔들립니다.[사 7:2] 그때 아하스를 만난 이사야는 '걱정하지 말라'는 하나님의 메시지를 전합니다. 현실적인 국제정세를 보아서는 북이스라엘과 아람이 동맹해 유다를 쳐들어올 것처럼 보이지만, 그들은 그들의 죄로 말미암아 곧 멸망할 테니 그들을 두려워하지 않아도 된다는 것이었습니다.[사 7:5-9] 이는 다윗의 왕위를 영원히 이어주겠다고 하셨던 하나님의 약속 때문입니다. 그러니 쓸데없이 걱정하지 말고 온전한 신앙 회복에 더 힘을 쏟으라고 하시는 것입니다.

그런데 아하스에게는 다른 계획이 있었습니다. 북쪽의 두 나라 동맹이 쳐들어오니 앗수르에게 도움을 요청할 생각이었던 것입니다. 이에 대해 이사야는 따끔하게 경고합니다. 그렇지 않아도 지금 앗수르는 남쪽으로 세력을 확장하고 싶은 시커먼 속마음을 가지고 있는데, 이때 남유다가 먼저 그 명분을 제공해서는 안 된다는 것입니다. 또한 지금은 서로 칼을 겨누고 있으나, 거슬러 올라가면 북이스라엘과 남유다는 같은 아브라함의 후손으로서, 그 뿌리를 보면 형제국입니다. 그러므로 형제국을 망하게 하는 데에 빌미를 제공하면 안 되는 것입니다.

이사야는 아하스 왕에게 하나님께서 세계를 경영하신다는 사실을 알려주기 위해 징조를 구해보라고 합니다. "너는 네 하나님 여호와께 한 징조를 구하되 깊은 데에서든지 높은 데에서든지 구하라."사 7:11 그 징조를 보고 하나님의 능력과 말씀을 믿으라는 것입니다. 그런데 아하스는 "나는 여호와를 시험하지 아니하겠나이다"라면서 징조를 구하지 않습니다. 이것은 그의 믿음이 좋아서가 아니라, 오히려 하나님의 능력을 무시하는 처사였습니다. 그러자 화가 난 이사야가 친히 징조를 구합니다. "주께서 친히 징조를 너희에게 주실 것이라 보라 처녀가 잉태하여 아들을 낳을 것이요 그의 이름을 임마누엘이라 하리라."사 7:14 하나님께서 보이실 징조조차 불필요하게 여기고 불신하는 시대를 향해 이 예언의 말씀을 주시는 것입니다. 이것이 예수님의 탄생을 예언하는 말씀이 나오게 된 배경입니다.

또한 하나님께서는 아람과 북이스라엘의 멸망에 이어 앗수르의 멸망까지 선언하십니다. 유다가 하나님 대신 앗수르를 의지하는 것이 하나님에 대한 배신과 교만이었다면, 하나님의 심판 도구로서의 위치를 망각하고 교만히 행하는 것은 앗수르의 죄악이었기 때문입니다.

> "내가 앗수르를 나의 땅에서 파하며 나의 산에서 그것을 짓밟으리니 그 때에 그의 멍에가 (   )에게서 떠나고 그의 짐이 그들의 어깨에서 벗어질 것이라 이것이 온 세계를 향하여 정한 (   )이며 이것이 열방을 향하여 편 손이라 하셨나니 만군의 여호와께서 경영하셨은즉 누가 능히 그것을 폐하며 그의 (   )을 펴셨은즉 누가 능히 그것을 돌이키랴" 사 14:25-27

이 예언의 말씀을 믿는다면 유다는 하나님께서 함께하시기에 더 이상 아람 · 북이스라엘 동맹군도, 앗수르도 두려워할 필요가 없습니다. 하지만 그들은 끝까지 하나님의 말씀을 믿지 않습니다. 아하스는 아람 왕 르신과 이스라엘 왕 베가의 공격을 받자, 이사야의 충고를 무시하고 앗수르에게 사신을 보내어 도움을 청합니다. 왕하 16:7-9; 대하 28:16-21 이사야가 하나님께 징조를 구하라 할 때에는 여호와를 시험하지 않겠다며 징조를 구하지 않던 그가, 앗수르 왕에게는 왕궁의 모든 좋은 것을 바치며 굴욕적인 자세로 도움을 청합니다. 왕하 16:7

√ 알아두기

하나님의 세계경영

열국	본문	열국	본문
바벨론	사 13:1-14:23	애굽	사 19:1-20:6
앗수르	사 14:24-27	두마(에돔)	사 21:11-12
블레셋	사 14:28-32	아라비아	사 21:13-17
모압	사 15:1-16:14	예루살렘	사 22:1-25
다메섹	사 17:1-14	두로	사 23:1-18
구스	사 18:1-7		

하나님의 심판 도구 / 임마누엘의 이적(사 7장), 마헬살랄 하스바스의 상징(사 8장), 메시아 탄생의 예언(사 9장)에도 불구하고 하나님을 의지하기보다는 눈에 보이는 앗수르를 의지하는 유다에게 하나님께서 진노하신다. 하나님의 진노는 유다에서 앗수르로 이어지고 있다. 하나님의 심판 도구로서의 위치를 망각하고 교만히 행하는 것은 앗수르의 죄악이었다. 이에 하나님께서는 앗수르를 역사에서 사라지게 하겠다고 말씀하신다. 하나님께서는 앗수르의 심판 예언을 통하여 다시금 유다에게 하나님만을 의지하라고 교훈하고 계신 것이다.

그러자 앗수르는 마치 정의의 사자라도 된 것처럼 북이스라엘과 아람을 정복해 버립니다. 그리고는 약소국 유다를 도와준 대가로 남유다에게 엄청난 양의 조공을 요구하며 유다를 쳐들어갈 시빗거리를 만들어 갑니다. 아하스가 하나님의 명을 따르지 않고 자기 마음대로 나라를 이끈 결과입니다. 이런 상황에서도 아하스는 정신을 차리지 못하고, 오히려 앗수르의 우상숭배를 본 따라 이방신의 제단 모형을 예루살렘에 들여옵니다. 이렇게 예루살렘과 하나님의 성전을 엉망으로 만든 아하스가 죽고, 그 뒤를 이어 히스기야가 왕이 됩니다.

한편, 열왕기하 17장에는 북이스라엘의 마지막 왕 호세아의 이야기와 북이스라엘이 하나님께 버림받은 까닭이 설명되고 있습니다. 하나님께서는 이스라엘이 하나님의 백성답게 살기를 기대하셨지만, 그들은 우상숭배의 습관을 버리지 못했습니다. 여로보암의 길로 한없이 빠져드는 이스라엘, 예언자들을 통한 어떤 경고도 받지 않는 이스라엘. 그들을 향한 하나님의 마음은 쓰디쓴 아픔과 슬픔이었습니다.

보석찾기 ○ ● ●

이사야는 아하스 왕에게 국가 장래를 위한 문제를 근원적으로 해결하기 위한 충고를 하게 됩니다. 이사야 7장 4-9절에서 그 내용이 무엇인지 찾아 적어봅시다.

마음나누기 ○ ● ●

당신이 중요한 일을 최종적으로 결정할 때, 가장 의지하는 사람이나 기준은 무엇입니까?

기도 ○ ● ●

전능하신 하나님 아버지, 믿음에 의지하여 살기보다는 눈앞에 보이는 것만을 가지고 판단하고 걱정하며 살 때가 많습니다. 내가 가진 적은 지식에 현혹되어 주님을 바라보지 못하는 어리석은 모습을 벗어던지고 오직 하나님만을 믿고 순종하는 자가 되게 하옵소서.

나무 112

'이상 골짜기' 예루살렘

왕하 18:1-12절, 대하 29-31장, 사 15-35장

찬양 **찬송가 –** 340장 · 구주 예수 의지함이
찬　양 – 내가 산을 향하여 눈을 들리라

기도 이 시간, 말씀을 통독하는 가운데 하나님의 마음과 뜻을 깨달아 알 수 있도록 지혜를 주옵소서.

마음열기 어차피 근본 해결책이 될 수 없는 일을 애써 하다가 결국 손들어 본 경험이 있습니까?

함께읽기 함께 이사야 22장을 읽어봅시다.

친해지기 히스기야는 앗수르의 침공을 막기 위해 애굽과 동맹관계를 맺고 예루살렘을 요새로 만듭니다. 이사야 22장에서는 예루살렘을 가리켜 무엇이라고 부르고 있습니까?

말씀의 숲길로

북이스라엘과 아람을 집어삼킨 앗수르는 굶주린 사자처럼 남유다까지 삼키려고 으르렁거리고 있습니다. 이런 시국에 히스기야가 25세의 나이로 왕위를 물려받습니다.

솔로몬이 그의 아버지 다윗으로부터 왕위를 물려받았을 때, 이스라엘은 하나님과의 바른 관계를 바탕으로 강성하고 풍요로웠습니다. 그런 면에서 솔로몬은 행복한 계승자였습니다. 그러나 히스기야 왕이 아버지 아하스로부터 물려받은 것은 하나님과의 관계도, 내외부적인 상황도 모두가 엉망인 허약한 나라였습니다.

그런데 놀라운 일이 일어납니다. 히스기야는 왕위에 오르자, 먼저 온 유대에 가득한 우상을 청소함으로써 하나님과의 관계 회복을 시도합니다.[왕하 18:1-6; 대하 29:1-19] 선왕들의 악한 전철을 따라가지 않고, 성전을 깨끗케 하며 속죄제를 드리고 감사제물을 드립니다. 우상 청소로 시작한 히스기야의 개혁은 유월절의 부활로 이어집니다.[대하 30장] 비록 성결예식을 치른 제사장의 숫자가 부족하고, 백성들이 다 모일 수 없어 행사시기를 한 달 연기하긴 했지만, 하나님께서 이스라엘의 하나님 되심을 재확인하는 유월절 예식을 지킬 수 있었던 것은 큰 기쁨의 사건이었습니다.

"예루살렘에 모인 이스라엘 자손이 크게 즐거워하며 칠 일

동안 무교절을 지켰고 레위 사람들과 (　　　　　)들은 날마다 여호와를 칭송하며 큰 소리 나는 악기를 울려 여호와를 (　　　)하였으며 히스기야는 여호와를 섬기는 일에 능숙한 모든 레위 사람들을 위로하였더라 이와 같이 절기 칠 일 동안에 무리가 먹으며 (　　　　　)를 드리고 그의 조상들의 하나님 여호와께 감사하였더라" 대하 30:21-22

2주일 동안 진행된 유월절 행사로 인해 남유다는 히스기야를 중심으로 개혁의 불길을 당기게 됩니다. 백성들은 자신의 성읍에서 온갖 주상과 아세라 목상들을 깨뜨렸고, 히스기야는 제사장과 레위인의 직책을 회복함으로써 그들이 전심으로 성전 일에 전력할 수 있도록 제도적 장치를 회복시킵니다. 대하 31장 우상숭배와 불순종의 시대 속에서 이러한 히스기야의 노력은 참으로 흐뭇한 일이 아닐 수 없습니다.

그러나 지금껏 악한 길로 달려오던 유다 백성 전체를 새롭게 바꾸는 근본적 개혁은 쉽게 이루어지지 않습니다. 더구나 국제 정세가 만만치 않은 상황으로 돌아가고, 특히 앗수르는 남유다를 끊임없이 압박해 옵니다. 히스기야는 그의 아버지 때부터 앗수르에게 바쳐오던 조공이 점점 힘에 부쳐갑니다. 그러자 그는 남쪽에 있는 애굽과 동맹을 맺어 앗수르를 막아보겠다는 계획을 세웁니다. 이때 하나님께서 히스기야의 이러한 계획을 막으십니다. 그리고 그 뜻을 온 백성에게 상징적으로 보여주시기 위해, 이사야 선지자에게 벗은 몸으로 예루살렘을 돌아다니라고 명하십니다 사 20:1-5

"그 때에 여호와께서 아모스의 아들 이사야에게 말씀하여 이르시되 갈지어다 네 허리에서 베를 끄르고 네 발에서 신을 벗을지니라 하시매 그가 그대로 하여 벗은 몸과 벗은 발로 다니니라 여호와께서 이르시되 나의 종 이사야가 삼 년 동안 벗은 몸과 벗은 발로 다니며 애굽과 구스에 대하여 징조와 예표가 되었느니라 이와 같이 애굽의 포로와 구스의 사로잡힌 자가 앗수르 왕에게 끌려갈 때에 젊은 자나 늙은 자가 다 벗은 몸과 벗은 발로 볼기까지 드러내어 애굽의 수치를 보이리니" 사 20:2-4

하나님의 사람들

그들의 말과 삶은 하나였다! / 예언자들의 삶은 바로 그들의 예언의 일부였다. 그들의 삶은 그들이 선포한 메시지와 별개가 아니다. 그래서 그들의 역사적 삶을 이해하고 그들의 메시지를 이해해야 한다.

이사야는 하나님의 말씀에 순종합니다. 그는 국제 정세를 손바닥에 올려놓고 볼 정도의 탁월한 지식인이었고, 그 시대의 예언자요 스승이었습니다. 당시 사회적 위치도 꽤 높았던 사람으로 보입니다. 그런 그가 벗은 몸으로 3년을 다니는 것입니다. 만약 하나님의 말씀을 무시하고 애굽과 동맹을 맺는다면, 모든 사람이 그처럼 치욕스러운 일을 당하게 될 것이라고, 미리 시청각 교육을 해주는 것입니다. 이사야는 밀려드는 수치를 감수하면서까지 백성들을 돌이키고자 애쓴 것입니다.

이사야 22장에 나오는 '이상 골짜기'는 예루살렘을 지칭합니다. 이것은 예루살렘의 군국주의에 대한 경고입니다. 애굽과의 동맹 정책과 함께, 남유다는 앗수르를 막아보기 위해 예루살렘을 요새화하고 있었습니다.사 22:5-11 한마디로 군사강화 정책을 시행했던 것입니다. 예루살렘 요새화를 위해 성벽 곁에 허름한 집을 짓고 살던 가난한 사람들의 집을 다 헐어버립니다. 가난한 사람들이 삶의 처소를 잃고 전쟁 준비에 시달리는 것입니다. 그 모습을 보신 하나님께서 그 모든 노력이 허사가 될 것이니, 가난한 사람들 괴롭히는 일은 그만두라고 말씀하십니다. 국방을 튼튼히 하고자 하는 이들의 노력 자체가 무조건 잘못되었다는 것은 아닙니다. 문제는, 눈에 보이는 급박한 상황에 매몰되어 현실적인 대응책만을 강구하고, 국가 경영이 하나님께 있다는 점은 인정하려들지 않는다는 것이었습니다.

기울어질 대로 기울어진 상황을 근본적으로 해결할 수 있는 방법은 하나님을 의지하는 것뿐입니다. 히스기야가 진정으로 해야 할 일은 성을 보수해서 자주국방을 하는 것이 아니라, 회개의 모범을 보이고 공동체가 하나 되어 하나님을 의지하는 것입니다. 그 길이 공동체가 진정 사는 길입니다. 그런데 히스기야는 이런 이사야의 메시지에 처음에는 응답하지 않습니다.

보석찾기 ○ ● ●

예루살렘을 앗수르의 침략으로부터 막아내기 위해서 예루살렘을 요새화하는 히스기야의 노력들은 무엇이었는지 이사야 22장 9-11절에서 찾아 적어봅시다.

마음나누기 ○ ● ●

이사야에게 하나님께서 부끄러움과 체면을 무릅쓴 순종을 요구하셨던 것처럼, 하나님께서 당신이 감당하기 어려운 어떤 일을 요구하신 때가 있었습니까? 그에 대한 당신의 응답은 무엇이었습니까?

기도 ○ ● ●

환난 중에 도움이 되시는 하나님, 하루 일도 예측 못할 만큼 빠르고 복잡하게 변해가는 세상에서 저희를 지켜주시니 감사합니다. 요동하는 세상 속에서도 주님을 잃지 않도록 인도하여 주시고, 흔들림 없는 믿음으로 굳건히 서게 하옵소서.

나무 113

하나님의 세계경영

왕하 18:13-20장, 대하 32장, 사 36-39장

찬양

찬송가 – 265장 · 옳은 길 따르라 의의 길을
찬　양 – 모든 민족과 방언들 가운데

기도

이 시간, 말씀을 통독하는 가운데 하나님의 마음과 뜻을 깨달아 알 수 있도록 지혜를 주옵소서.

마음열기

계획된 경영과 닥치는 대로의 일처리의 차이점을 이야기해 봅시다.

함께읽기

함께 열왕기하 19장을 읽어봅시다.

친해지기

예루살렘을 에워싼 앗수르의 대신 랍사게가 하나님의 이름을 모독하며 항복을 요구했을 때, 히스기야의 마지막 선택은 무엇이었습니까?

말씀의 숲길로 ○●●

히스기야는 이사야 선지자의 말을 무시하고 결국 애굽에 도움을 요청합니다. 그렇게 애굽과 관계를 맺기 시작하면서 앗수르에는 조공을 보내지 않습니다. 그렇지 않아도 호시탐탐 남침 기회를 엿보던 앗수르는 이때다 싶어 배신자를 처단하러 온다는 구실로 남유다를 쳐들어오고, 얼마 가지 않아 예루살렘 성만 빼고 전 국토가 앗수르에게 점령당하고 맙니다. 그러자 히스기야는 앗수르 왕에게 "내가 범죄하였나이다"라고 빌며 여호와의 전과 왕궁 곳간에 있던 좋은 물건들을 바칩니다.[왕하 18:13-16] 하지만 앗수르는 예루살렘마저 정복하기 위해 다시 내려옵니다.[왕하 18:17; 대하 32:9; 사 36:1-3]

"앗수르 왕이 다르단과 랍사리스와 랍사게로 하여금 대군을 거느리고 라기스에서부터 예루살렘으로 가서 히스기야 왕을 치게 하매 그들이 예루살렘으로 올라가니라"[왕하 18:17]

그나마 예루살렘 성은 본래 난공불락의 성이어서 쉽게 점령당하지 않고 있는 상황입니다. 그때 앗수르의 랍사게라는 자가 예루살렘 성이 보이는 높은 산에 올라가서 빨리 항복하고 성문을 열라고 소리칩니다. 그런데 랍사게는 해서는 안 되는 말까지 해버립니다. '이미 외교력이나 군사력으로는 희망이 없는데도 너희가 성문을 걸어 잠그고 버티는 것을 보니 너희들이 믿는 여호와라는 신을 의지하는 것 같은데, 그거 다 소용없다. 봐라, 우리가 이미 멸망시킨 북이스라엘이라는 나라가 역사적으로 너희와 형제였고 그들도 너희와 같은 하나님을 섬겼는데, 그들도 우리에게 무너지지 않았느냐. 따라서 너희가 믿는 신은 우리 앗수르의 신보다 능력이 없는 것이고, 우리 앗수르의 공격도 막아내지 못할 것이다!' 라고 하나님을 모욕하며 백성들을 위협한 것입니다.왕하 18:19-35; 사 36:4-20

랍사게의 오만이 하늘을 치솟아 하나님의 귓전에까지 들려진 바로 이 절체절명의 순간에 히스기야가 하나님을 선택합니다. 그는 먼저 하나님의 이름이 능욕 당하는 현실을 가슴 아파합니다. 그리고 이 사태를 어떻게 처리해야 할지 이사야에게 사람을 보내어 묻고, 살아 계신 하나님께 기도하기 시작합니다.왕하 19:14-19; 사 37:14-20

> "여호와여 귀를 기울여 들으소서 여호와여 눈을 떠서 보시옵소서 산헤립이 살아 계신 하나님을 비방하러 보낸 말을 들으시옵소서 여호와여 앗수르 여러 왕이 과연 여러 민족과 그들의 땅을 황폐하게 하고 또 그들의 신들을 불에 던졌사오니 이는 그들이 신이 아니요 (   )의 손으로 만든 것 곧 나무와 돌 뿐이므로 멸하였나이다 우리 하나님 여호와여 원하건대 이제 우리를 그의 손에서 (   )하옵소서 그리하시면 천하 만국이 주 여호와가 홀로 (   ) 이신 줄 알리이다 하니라"왕하 19:16-19

상황이 역전됩니다. 국가적 위기의 순간에 오직 하나님만을 의지한 히스기야의 기도를 하나님께서 들으셨습니다. 하나님의 사자가 앗수르 왕의 주력부대 18만 5천 명을 하루아침에 무너뜨려 버립니다.[왕하 19:35-37; 사 37:36-38] 구체적인 방법은 나와 있지 않으나 분명한 것은 그들이 모두 죽었다는 것입니다. 오만하기 이를 데 없었던 앗수르는 이사야의 예언대로 하나님의 심판을 받았고, 덕분에 예루살렘은 위기에서 벗어날 수 있었습니다. 이 사건 후 대제국 앗수르는 역사의 무대 저편으로 사라지게 됩니다. 하나님의 권위에 도전했던 교만한 나라의 결말이었습니다.

앗수르가 가고 또 한 나라가 역사의 무대에 등장하게 되었으니, 바로 신(新)바벨론 제국입니다. 므로닥발라단(느부갓네살의 아버지)이 예전 고바벨론의 영화를 꿈꾸며 주변을 장악해가고 있었습니다. 그는 메소포타미아는 물론이요, 고대 근동 전체를 다스리려는 야망을 품고 있었습니다. 피정복지에 대한 앗수르의 지배방식이 강력하고 혹독했던 것에 비해 바벨론은 겉은 부드럽지만 속은 더욱 철저한 제국이었습니다.

한편 히스기야는 하나님의 은혜로 앗수르를 물리친 후 큰 병에 걸렸습니다. 이사야가 히스기야에게 찾아가 곧 죽을 것이라고 통보합니다. 그때 히스기야는 하나님께 기도하며 통곡합니다. 그러자 하나님께서 그 기도를 들으시고, 히스기야의 삶을 15년 연장해 주십니다.[사 38:1-8]

"너는 가서 히스기야에게 이르기를 네 조상 다윗의 하나님 여호와께서 이같이 말씀하시기를 내가 네 기도를 들었고 네 눈물을 보았노라 내가 네 수한에 십오 년을 더하고 너와 이 성을 앗수르 왕의 손에서 건져내겠고 내가 또 이 성을 보호하리라" 사 38:5-6

히스기야가 병들었다가 나았다는 소식을 들은 바벨론 왕 므로닥발라단이 예루살렘에 사신을 보냅니다. 앗수르를 물리친 히스기야를 칭송하는 편지와 적절한 예물도 함께 보냅니다. 히스기야는 그 편지와 사신을 받고 무척 좋아하면서, 마치 자신의 뛰어난 영도력으로 앗수르의 군대를 물리친 것처럼 우쭐해집니다. 그런 나머지, 하나님의 살아계심을 간증할 수 있는 좋은 기회였는데도 불구하고, 그는 자신이 전에 갖추어놓았던 군사시설과 무기창고를 바벨론 사신들에게 보여주며 은연중에 자신과 예루살렘의 튼튼한 국방력을 자랑합니다. 사실 앗수르를 물리친 것은 무기창고 속에 있는 무기가 아니었는데도 말입니다. 이 기회를 통해서 바벨론의 사신들은 예루살렘의 모든 사정을 훤히 파악해 버립니다. 이것은 이후 이스라엘 백성들에게 큰 고통을 안겨 주는 씻을 수 없는 실수가 됩니다. 사 39:5-7

보석찾기 ○ ● ●

하나님께서 세계를 경영하신다는 내용의 직접적 언급을 이사야 14장 24-27절에서 찾아 적어봅시다. 또한 사도행전 17장 24-27절에 기록된 사도 바울의 설교도 찾아 적고 하나님의 세계경영에 관해 이야기해 봅시다.

마음나누기 ○ ● ●

작은 공동체나 큰 기업, 나아가 국가의 경영을 생각해 본 적 있습니까? 더 나아가 하나님의 세계경영을 느껴본 적이 있습니까?

기도 ○ ● ●

거친 세상의 파도 앞에 낙심하고 절망할 때마다 다시 일어날 수 있는 힘을 주심에 감사드립니다. 가정과 교회, 민족과 국가, 나아가 전 세계와 우주 만물을 경영하시는 하나님의 섭리에 순종하며, 그 은혜에 거하는 삶을 살게 하옵소서.

숲이야기 4

영광과 평화의 청사진

이사야 40-66장

나무 114 영광과 평화의 청사진 사 40-66장

나무 114

영광과 평화의 청사진

사 40-66장

찬양 **찬송가 –** 94장 · 예수님은 누구신가
찬　양 – 주 예수의 이름 높이세

기도 이 시간, 말씀을 통독하는 가운데 하나님의 마음과 뜻을 깨달아 알 수 있도록 지혜를 주옵소서.

마음열기 당신은 진정한 평화는 무엇이며, 그것은 어떻게 이루어질 수 있다고 생각하십니까?

함께읽기 함께 이사야 43장을 읽어봅시다.

친해지기 하나님께서는 이사야 선지자를 통하여 이스라엘 백성이 포로 되었다가 다시 회복될 것임을 예언하셨습니다. 희망적인 이사야의 메시지 중, 인생들을 창조하신 목적에 대한 말씀을 찾아 적어봅시다. 사 43:21

이사야의 심판 예언이 이사야 40장을 분기점으로 구원의 약속으로 이어지고 있습니다. 하나님의 심판으로 가뭄 맞은 풀처럼 말라 버린 유다가 그 심판의 때를 마치고 구원을 맞이하게 되리라는 약속입니다. 두려워하는 백성들, 떨고 있는 백성들에게 하나님께서 친히 위로하십니다.

"그러나 나의 종 너 이스라엘아 내가 택한 야곱아 나의 벗 아브라함의 자손아 내가 땅 끝에서부터 너를 붙들며 땅 모퉁이에서부터 너를 부르고 네게 이르기를 너는 나의 종이라 내가 너를 택하고 싫어하여 버리지 아니하였다 하였노라 두려워하지 말라 내가 너와 함께 함이라 놀라지 말라 나는 네 하나님이 됨이라 내가 너를 굳세게 하리라 참으로 너를 도와 주리라 참으로 나의 의로운 오른손으로 너를 붙들리라" 사 41:8-10

하나님의 **계획**

경작하시는 하나님 / 참포도를 심었으나 들포도가 맺힌 결과를 보고 참담해 하셨던 하나님께서(사 5장) 포도원을 포기하지 않으시고 다시 경작하신다. 하나님의 심판은 음산한 죽음을 위한 것이 아니라 새로운 생명을 소생케 하기 위한 방편 가운데 하나였던 것이다.

하나님께서는 두려움에 사로잡혀 어찌할 줄 모르는 이스라엘 백성들을 "나의 종 너 이스라엘아!" "내가 택한 야곱아!" "나의 벗 아브라함의 자손아!"라고 부르십니다. 하나님께서 이미 이스라엘을 택하시고, 그들을 구원하기로 결심하셨으니 아무것도 두려워하지 말라는 말씀입니다.

하나님께서는 극심한 고통과 좌절 가운데 있는 백성들을 향해 때로는 위로의 말씀으로, 사 40-41장 때로는 당신만이 유일한 신이심을 밝히심으로, 사 42-44장 또 한편으로는 이스라엘 백성

지혜창고

위로의 목소리 / 이사야 전반부(사 1-35장)의 내용을 종합해 보면 하나님은 모든 열방을 심판하시며, 그 가운데 이스라엘을 회복하신다는 것이다.

을 멸망시킬 바벨론에 대한 심판의 말씀사 45-47장으로 소망을 선포하십니다. 그러나 이러한 위로와 소망의 말씀 가운데서도 이스라엘 백성들의 패역과 죄악을 지적하십니다.사 48장 하나님께서는 이스라엘의 죄악을 밝히 드러내어 고침으로써 참된 소망과 구원을 허락하시려는 것입니다. 죄를 지은 이스라엘을 단련하고 연단시켜 바로 세우려는 하나님의 계획이었습니다. 이것이 하나님의 본심입니다. 때로는 광풍같이 징계하실 수 있습니다. 그러나 좀 더 깊이 생각해 본다면 징계까지도 하나님의 사랑의 한 방식임을 알게 됩니다. 우리들을 향한 하나님의 진실한 사랑에 매료되지 않을 수 없습니다.

이사야는 비록 현재의 상황이 흑암 가운데 있고 구원이 멀게만 느껴지는 상황이라 할지라도 주의 종이 구원의 사명을 다할 것임을 증거하고 있습니다. 다시 선언되는 구원의 말씀에도 불구하고 이스라엘 백성들이 현실적인 고통으로 인해 힘들어하는 모습을 보신 하나님께서는 궁극적인 구원자 메시아를 통한 회복을 말씀하시며 구원의 확신을 주십니다.

하나님의 계획

기초부터 다시! / 이스라엘이 하나님께서 주신 제사장 나라의 사명을 감당하지 못하자 하나님께서는 바벨론 포로 기간을 통하여 구원받기 이전의 자리로 돌아가 다시 시작하게 하신다. 이를 삶에서 본다면 출애굽 직후에 가장 먼저 안식일 지키는 것을 훈련시키셨듯이(출 16장), 하나님께서는 이스라엘을 바벨론 포로에서 해방시키시며 안식일 계명을 다시 강조하고 계신다(사 58:13-14).

"그가 이르시되 네가 나의 종이 되어 야곱의 지파들을 일으키며 이스라엘 중에 보전된 자를 돌아오게 할 것은 매우 쉬운 일이라 내가 또 너를 이방의 빛으로 삼아 나의 구원을 베풀어서 땅 끝까지 이르게 하리라"사 49:6

이사야 선지자는 당시로부터 8백 년 후에 오실 예수님의 모습을 미리 예언하고 있는 것입니다. 이사야 9장에 보면 오실 그분은 전능하신 하나님, 기묘자와 모사이시며 이새의 뿌리 이십니다.

"이는 한 아기가 우리에게 났고 한 아들을 우리에게 주신 바 되었는데 그의 어깨에는 정사를 메었고 그의 이름은 기묘자라, 모사라, 전능하신 하나님이라, 영존하시는 아버지라, 평강의 왕이라 할 것임이라" 사 9:6

강한 메시아, 전능하신 예수님을 묘사하고 있습니다. 그런데 이사야 후반부에는 고통 앞에 처해져 인간들의 잘못을 책임지는 그리스도의 모습이 나옵니다. 예루살렘을 회복하시는 하나님의 능력은 바로 고난 받는 종을 통하여 나타납니다.

> "그는 주 앞에서 자라나기를 연한 순 같고 마른 땅에서 나온 뿌리 같아서 고운 모양도 없고 풍채도 없은즉 우리가 보기에 흠모할 만한 (   ) 것이 없도다 그는 멸시를 받아 사람들에게 (   ) 받았으며 간고를 많이 겪었으며 질고를 아는 자라 마치 사람들이 그에게서 얼굴을 가리는 것 같이 (   )를 당하였고 우리도 그를 귀히 여기지 아니하였도다" 사 53:2-3

우리는 이사야 9장에서의 강하고 능력 있는 예수님의 모습, 그리고 이사야 53장에서의 연약한 순 같은 예수님의 모습, 이 두 가지를 묶어서 볼 줄 알아야 합니다. 이후 유대인들이 예수님의 사역, 즉 고난의 길을 스스로 걸어가시는 온유한 예수님의 사역을 온전하게 이해하지 못하는 이유가 바로 이

지혜창고

시선 집중 / 이사야가 장차 임할 공의와 정의의 왕에 대해 예언하고 있다. 유대인들의 시선을 그들이 의지하려는 애굽으로부터(사 30-31장), 그들이 두려워하는 앗수르로부터(사 31장), 하나님께서 세우시는 공의와 정의의 왕에게 향하도록 이끄는 것이다. 그들이 의지하고 두려워할 대상은 애굽도, 앗수르도 아니다. 오직 온 세계를 다스리는 한 왕, 그분만이 그들의 경외와 섬김의 대상이다.

사야 9장의 메시아는 흠모하되, 이사야 53장에서의 메시아는 잊어버렸기 때문입니다. 균형이 깨져버렸던 것입니다.

숲에서 본다면 이 고난 받는 종의 모습은 온 인류의 영원한 구원을 성취하실 예수 그리스도에 대한 묘사로서, 인류 전체를 구원할 하나님의 청사진입니다. 온갖 고통과 절망의 나날이 연속되는 현실 속에 하나님께서 던지시는 강한 희망의 빛입니다. 그 희망은 바로 이 세상의 죄를 지고 갈 하나님의 종입니다. 그의 사명은 가난한 자, 마음이 상한 자, 포로 된 자, 갇힌 자들을 위로하고 해방시키는 것입니다. 이사야의 예언의 말씀은 예수 그리스도의 삶과 말씀, 그리고 그분의 사역을 통해 이 땅 위에 실현됩니다.

하늘과 땅을 향한 탄식^사 1:2-3^으로 시작했던 이사야의 예언이 대단원의 막을 내립니다. 하나님의 공의는 그분을 믿는 자들에게는 구원의 희망을, 죄악을 일삼는 자들에게는 그에 상응하는 징계를 내리는 것입니다. 악취 나는 제사가 드려지는 현실을 바라보시며 하나님께서는 그들의 죄의 대가인 심판도 말씀하셨지만, 시온의 영광과 함께 펼쳐질 새 하늘과 새 땅을 더불어 약속하십니다.^사 65:17-20^

하나님의 계획

남은 자, 그들이 희망 / 이사야 6장에서 이사야 전체를 꿰뚫는 하나님의 청사진이 요약되었다. 하나님의 심판으로 대부분의 유다 사람들이 멸망할 것이지만, 그 가운데서 그루터기 곧 남은 자들은 구원을 받으리라는 것이다. 특히 이들의 모습은 하나님이 버릴 수밖에 없으셨던 들포도의 모습(사 5장)에서 즙을 가득 담고 있는(사 65:8), 그래서 포기할 수 없는 포도송이의 모습으로 묘사되고 있다.

보석찾기 ○ ● ●

이사야 9장 6-7절과 이사야 53장 2-9절에 예언되어 있는 예수님의 모습을 두세 가지씩만 찾아 적고 예수님께서 보여주신 두 가지 면에 대해 생각해 봅시다.

마음나누기 ○ ● ●

당신은 공동체의 평화를 위해 어떠한 노력을 하기로 결심합니까?

기도 ○ ● ●

신실하신 하나님, 말씀을 통해, 우리 구원자 예수님의 모습을 온전히 '통'으로 알 수 있는 지혜를 얻게 하여 주시니 감사합니다. 강한 능력의 왕 되신 주님, 그러나 인생들의 죄를 짊어지신 연약하신 주님의 모습을 둘 다 보고, 그런 주님의 모습을 닮아가기에 힘쓰는 자들이 되게 하옵소서.

숲이야기 5

영광이 빠져버린 시온산성

미가

나무 115 영광이 빠져버린 시온산성 미 1-7장

나무 115

영광이 빠져버린 시온산성

미 1-7장

찬양

찬송가 – 373장 · 세상 모두 사랑 없어
찬　양 – 민족의 가슴마다

기도

이 시간, 말씀을 통독하는 가운데 하나님의 마음과 뜻을 깨달아 알 수 있도록 지혜를 주옵소서.

마음열기

당신은 도시의 수많은 사람들은 농촌의 오곡백과를 공급받지 않고는 존재할 수 없다는 사실에 대해서 생각해 보신 적이 있습니까?

함께읽기

함께 미가 3장을 읽어봅시다.

친해지기

미가 선지자는 예루살렘을 향해 하나님의 심판의 말씀을 선포합니다. 미가 선지자가 지적한 이스라엘의 죄악상을 구체적으로 열거해 봅시다.

말씀의 숲길로 ○●●

범죄한 유다가 돌아오기만을 기다리시는 하나님의 또 다른 노력이 시작되고 있습니다. 미가는 이사야보다 약간 후대이기는 하지만 거의 동시대에 활동한 선지자로, 그 예언의 내용에 있어서도 이사야와 비슷합니다. 50여 년 전에 북이스라엘에서 아모스가 정의를 외쳤다면, 미가는 유다에서 정의를 외친 예언자입니다.

그는 하나님의 말씀을 떠나 패역하고 불의한 길에 서 있는 예루살렘과 사마리아를 향해 심판의 말씀을 선포합니다. 그 시대 백성들에게 하나님의 마음에 귀 기울일 것을 간절하게 호소하며, 고칠 수 없는 중병에 걸린 자식을 부둥켜안고 우는 어머니처럼 애곡하기도 합니다.

"이러므로 내가 애통하며 애곡하고 벌거벗은 몸으로 행하며 들개 같이 애곡하고 타조 같이 애통하리니 이는 그 상처는 고칠 수 없고 그것이 유다까지도 이르고 내 백성의 성문 곧 예루살렘에도 미쳤음이니라" 미 1:8-9

유다를 향한 하나님의 심판의 중심에는 예루살렘이 있습니다. 예루살렘은 다윗 시대 이후, 정치와 행정의 중심지일 뿐만 아니라, 여호와 하나님을 섬기는 신앙의 중심지였습니다. 그곳에서 그들이 행해야 하는 '거룩'이라는 것은 다름 아니라 그들에게 비취는 하나님의 빛을 모든 사람에게 전하는

메시지

한 명의 의인 / 미가가 전하는 하나님의 요구사항은 다른 것이 아니다. "여호와께서 네게 구하시는 것은 오직 공의를 행하며 인자를 사랑하며 겸손히 네 하나님과 함께 행하는 것이 아니냐(미 6:8)." 모두가 죄악 가운데 빠져 있는 지금 하나님의 이 요구사항에 응답하는 한 사람, 곧 의인 한 사람을 찾으시는 것이다.

것입니다. 주린 자에게 양식을 나누어 주는 것이며 유리하는 빈민을 집에 들이고, 헐벗은 자를 입히는 것입니다.사 58:6-7 곧 약한 이웃을 감싸 안는 거룩이 이루어지는 성(城), 바로 그러한 곳에 하나님의 찬란한 영광이 임하는 것이요, 열방에 전해야 할 하나님의 구원이 시작되는 것입니다. 그런데 바로 이곳에서부터 하나님을 거역하는 죄악이 성행했던 것입니다.

미가 선지자는 먼저 우상숭배를 비롯한 종교적인 죄악을 고발하고,미 1장 곧이어 가난한 민중들을 향한 권력자들의 악행과 사회적인 죄악상을 이야기합니다.미 2장 또한 뇌물을 위하여 재판하는 두령들, 삯을 위하여 교훈하는 제사장들, 돈을 위하여 점치는 선지자들과 같은 지도층의 죄상을 구체적으로 지적합니다.미 3장

"야곱 족속의 우두머리들과 이스라엘 족속의 통치자들 곧 정의를 미워하고 정직한 것을 굽게 하는 자들아 원하노니 이 말을 들을지어다 시온을 피로, 예루살렘을 죄악으로 건축하는도다 그들의 우두머리들은 뇌물을 위하여 재판하며 그들의 제사장은 삯을 위하여 교훈하며 그들의 선지자는 돈을 위하여 점을 치면서도 여호와를 의뢰하여 이르기를 여호와께서 우리 중에 계시지 아니하냐 재앙이 우리에게 임하지 아니하리라 하는도다"미 3:9-11

각 지역의 두령이나 방백들이 그 지역을 위한 행정이나 정

치를 하는 것이 아니라 그 지역의 좋은 것들을 자기의 출세를 위해서 수도로 공수하고 있었던 것입니다. 따라서 사마리아와 예루살렘은 하나님의 은혜 가운데 성장 발전해 가는 도시가 아니라 백성들의 피를 빨아서 세운 도시가 되어갔습니다. 이곳에서 하나님에 대한 관심은 찾아볼 수 없습니다. "야곱의 허물이 무엇이냐 사마리아가 아니냐 유다의 산당이 무엇이냐 예루살렘이 아니냐" 미 1:5 라는 미가 선지자의 외침은 예루살렘의 죄악을 바라보시는 하나님의 안타까운 외침이었습니다.

지혜창고

거룩한 공동체 / 하나님께서는 이스라엘 백성이 공동체 내의 약한 이웃을 끌어안을 수 있는 건전한 공동체가 되기를 바라셨다. 이스라엘과 처음 만남을 가지게 될 때부터 하나님께서는 약한 자를 압제하지 말고 보호하라고 레위기를 통해 당부하셨던 것이다. 그러니 약한 자들을 괴롭게 하는 힘 있는 자들의 횡포는 그들에 대한 심판의 원인이 될 수밖에 없다.

미가 선지자는 예루살렘의 죄악된 모습을 지적한 데에 이어, 폐허가 회복되어 율법이 선포되며, 나라의 기초가 새롭게 세워지고, 강대한 나라가 되는 예루살렘의 미래상을 선포하기 시작합니다.

> "끝날에 이르러는 여호와의 전의 산이 산들의 꼭대기에 굳게 서며 작은 산들 위에 뛰어나고 민족들이 그리로 몰려갈 것이라 곧 많은 이방 사람들이 가며 이르기를 오라 우리가 여호와의 산에 올라가서 야곱의 (　　　　　)의 전에 이르자 그가 그의 도를 가지고 우리에게 (　　　　　　) 것이니라 우리가 그의 길로 행하리라 하리니 이는 율법이 시온에서부터 나올 것이요 여호와의 말씀이 (　　　　　)에서부터 나올 것임이라" 미 4:1-2

어렵고 힘겨운 시간을 보낸 자들에게 하나님께서는 소망의 날을 말씀하여 주십니다. 그날에는 저는 자, 쫓겨난 자, 환난 받는 자들이 하나님의 백성이 될 것입니다. 곧, 포로로 잡혀 가서 이러한 취급을 받고 있던 하나님의 백성들이 다시 돌아와서 강한 나라를 이룰 것이라는 말씀입니다. 미가는 하나님의 공의와 율법이 넘쳐나는 그 거룩한 도시에서 그에 합당한 백성으로 살아야 할 놀라운 사명을 선포하며, 지금의 죄악 된 모습에서 돌이킬 것을 외치고 있습니다.

이스라엘의 회복에 대한 말씀은 미가 5장에서 절정을 이루고 있습니다.

하나님의 계획

땅 끝까지 울린 찬양 / 작은 마을 베들레헴에서 태어날 메시아의 구원은 이스라엘에만 국한되어 있는 것이 아니라, 땅 끝까지 미칠 것임을 알려주고 있다(미 5:2-4). 지금의 이스라엘 백성들은 심판 받아야 하는 악한 모습이다. 그럼에도 불구하고 이러한 구원의 소식을 그들에게 들려주시는 이유는 지금이라도 그들이 죄에서 돌아오기만을 간절히 기다리고 계시는 하나님의 마음을 유다 백성들에게 보이기 위함이었다.

"베들레헴 에브라다야 너는 유다 족속 중에 작을지라도 이스라엘을 다스릴 자가 네게서 내게로 나올 것이라 그의 근본은 상고에, 영원에 있느니라" 미 5:2

베들레헴이라는 작은 고을에서 이스라엘을 다스릴 큰 자가 나올 것이라는 약속의 말씀은 그들을 위로하기에 충분했을 것입니다. 이 말씀은 당시 강대국들의 억압 속에서 고통당하던 이스라엘 백성들에게 큰 소망의 말씀이 되었습니다.

보석찾기 ○ ● ●

미가는 신앙의 중심지인 예루살렘에 거룩이 행해질 것을 요구합니다. 당시 예루살렘 사람들의 삶을 구체적으로 묘사한 부분을 미가 3장에서 세 가지 정도 찾아 적어봅시다.

마음나누기 ○ ● ●

우리 시대 도시와 농촌 간의 상보적 관계를 위하여 당신은 어떤 노력을 할 수 있습니까?

기도 ○ ● ●

사랑의 아버지 하나님, 우리의 믿음이 정결하고 선한 행동으로 열매 맺기를 원합니다. 우리가 거하는 공동체 안에서도 하나님께서 요구하시는 거룩의 모습, 약한 자를 감싸 안는 사랑의 실천이 나타날 수 있도록, 저희를 도구로 사용하여 주옵소서.

성경통독원

BibleTongdokWon

숲과나무 성경통독은

하나님의 마음을 따라

성경 66권 전체를 읽어가는 것입니다.

숲과나무 성경통독은

성경의 숲과 나무를 살펴

성경 66권 모두를 하나님의 말씀으로 받아들이는 것입니다.

숲과나무 성경통독은

세계 역사를 경영하시는 하나님의 손길을 확신하며

성경 역사의 흐름에 따라 체계적으로 성경의 숲을 보는 것입니다.

성경통독원은

올바른 성경통독 방법의 보급과 확산을 위해

이 시대 교회, 세계의 그리스도인들과 함께하고 있습니다.